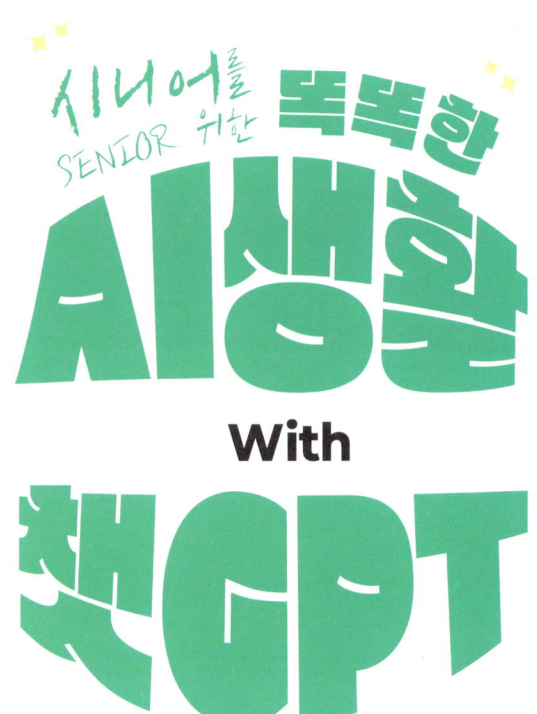

머리말

일상에 스며든 챗GPT,
누구나 쉽게 배울 수 있습니다!

우연한 기회에 챗GPT 강연 기회가 찾아와, 첫 강연을 앞두고 부모님 앞에서 리허설 강의를 한 적이 있습니다. 준비한 챗GPT의 기능을 하나, 둘씩 설명하고 보여드리는데 그때마다 초롱초롱한 눈빛으로 감탄사를 연발하던 부모님 생각이 납니다. 저에게는 너무 익숙해진 챗GPT의 세상이 부모님께는 새로운 미지의 영역을 발견한 것처럼 낯설고 신기한 것이었습니다. 제가 챗GPT를 처음 마주했던 순간처럼요. 그 순간, 챗GPT가 그저 기술이 아니라 누구에게나 새롭고 신기한 경험이 될 수 있다는 걸 깨달았습니다.

이 책은 여러분에게 가장 쉬운 챗GPT 사용 방법을 알려드리기 위해 만들었습니다. 복잡한 기술 용어나 어려운 설명은 제외하고 큰 글자와 그림으로 쉽게 풀어냈으니 부담 없이 천천히 따라와 주세요.

가장 중요한 것은 단순히 '알고 넘어가는 것'이 아니라 '직접 해보는 것'입니다. 본문의 과정을 따라 기능을 익힌 다음 일상에 챗GPT를 활용해 보세요. 이전보다 편리한 일상을 마주하게 될 겁니다.

우리의 삶 속으로 자연스레 스며든 챗GPT를 지금부터 함께 알아 가볼까요?

챗GPT 학습 목표를 설정해요!

여러분은 챗GPT를 어떻게 활용하고 싶으세요? 챗GPT를 배우기 전에 먼저 나만의 목표를 설정해 볼까요? 예를 들어 하루에 한 가지 궁금한 점을 챗GPT에 물어보기, 매일 챗GPT와 5분씩 영어 공부하기 같은 작은 목표도 좋습니다. 무엇보다 꾸준히 실천할 수 있는 목표를 세우는 것이 가장 중요합니다.

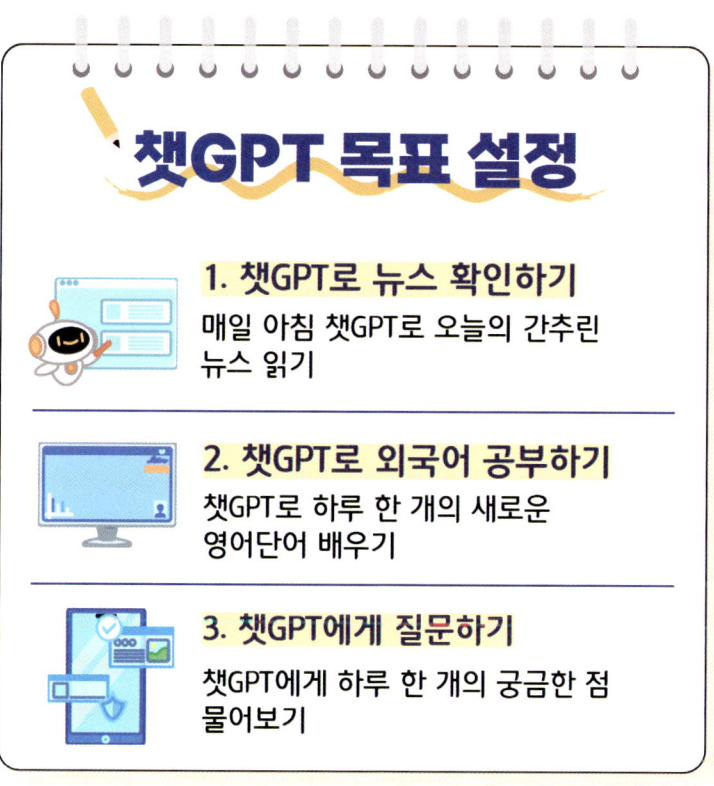

설레는 마음으로
진현주(AI하쥬)

이 책의 구성

Chapter 01

컴퓨터에서 챗GPT 시작하기

챗GPT의 개념을 이해했다면 이제 본격적으로 사용 방법을 알아보겠습니다. 먼저, 구글 계정을 만드는 방법부터 차근차근 살펴보겠습니다. 처음이라도 걱정마세요! 본문의 따라 하기 과정에 맞춰 학습을 완료하면 언제든지 쉽게 챗GPT를 시작할 수 있습니다.

들어가기
이번 챕터에서 학습할 내용을 간단히 소개합니다.

간추린 만화
본문에서 학습할 핵심 내용을 만화 형태로 빠르게 확인합니다.

따라 하기
과정을 순서대로 따라 해보며 자연스럽게 기능을 익힙니다.

참고
본 도서는 챗GPT 무료 플랜(2025.02. 기준)으로 설명하고 있습니다. 이에 사용자의 챗GPT 플랜 및 학습 시점에 따라 일부 용어 및 실습 과정이 교재와 다를 수 있습니다.

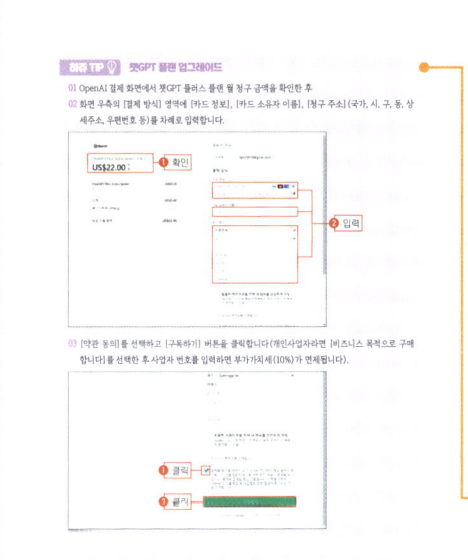

하쥬 TIP
본문에서 나누지 못한 정보 및 알아두면 유용한 저자의 꿀팁을 소개합니다.

목차

머리말 · 002
이 책의 구성 · 004

안녕, 챗GPT

- **Step 1** 챗GPT, 정체가 뭐야? · 010
- **Step 2** 챗GPT, 자주 하는 질문 · 011
- **Step 3** 챗GPT 화면 구성 · 012
- **Step 4** 챗GPT 앱 화면 구성 · 013

컴퓨터에서 챗GPT 시작하기

- **Step 1** 구글 계정 만들기 · 016
- **Step 2** 챗GPT 웹 사이트 접속하기 · 023
- **Step 3** 챗GPT 웹 사이트 로그인하기 · 025

챗GPT 요금제 확인과 맞춤 설정하기

- **Step 1** 챗GPT 요금제 확인하기 · 030
- **Step 2** 챗GPT 맞춤 설정하기 · 033

챗GPT와 대화하기

- **Step 1** 챗GPT와 묻고 답하기 · 038
- **Step 2** 챗GPT에게 똑똑하게 질문하기 · 040
- **Step 3** 챗GPT 대화 정리 및 공유하기 · 043

챗GPT, 일상생활에서 활용하기

Step 1   챗GPT로 건강 정보 얻기 · 050
Step 2   챗GPT로 생활 꿀팁 얻기 · 052
Step 3   챗GPT로 영화 추천받기 · 054

스마트폰에서 챗GPT 앱 시작하기

Step 1   챗GPT 앱 설치하기 · 058
Step 2   챗GPT 앱 기본 설정하기 · 062
Step 3   챗GPT 앱에서 대화하기 · 068

챗GPT 앱, 음성 모드 사용하기

Step 1   챗GPT 앱 음성 모드 설정하기 · 074
Step 2   챗GPT 앱 음성 모드 시작하기 · 078

챗GPT 앱, 음성 모드 활용하기

Step 1   나만의 AI 친구 만들기 · 088
Step 2   나만의 AI 외국어 선생님 만들기 · 090

카카오톡으로 AI 경험하기

Step 1   아숙업(AskUp) 채널 추가하기 · 096
Step 2   아숙업(AskUp)과 채팅하기 · 098
Step 3   아숙업(AskUp) 200% 활용하기 · 101

Intro
안녕, 챗GPT!

챗GPT를 본격적으로 배우기 전에 먼저 챗GPT에 대해 간단히 알아보고 어떤 기능이 있는지 빠르게 살펴보겠습니다. 이후 챗GPT의 주요 구성 요소를 확인하며 실제 어떻게 작동하는지도 자세히 알려드립니다.

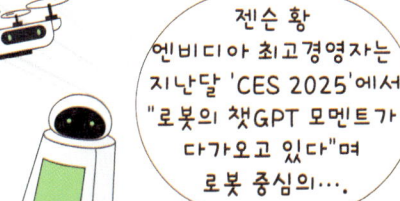

챗GPT, 정체가 뭐야?

챗GPT는 Open AI에서 개발한 대화형 인공지능(AI) 도구로 사람과 이야기하듯 소통할 수 있는 AI 서비스입니다. 궁금한 것이나 알고 싶은 정보를 대화 입력란에 입력하면 챗GPT가 질문을 이해하고 알맞은 답변을 생성합니다. 컴퓨터나 스마트폰으로 언제 어디서든 빠르게 사용할 수 있으며 정보 검색, 학습 보조, 대화 등 일상에서 다양하게 활용되고 있습니다. 또한, 회의 아이디어 제안이나 여행 계획 수립 등 창의성이 돋보이는 작업도 단시간에 효율적으로 끝낼 수 있습니다.

복잡한 명령어가 필요하냐고요? 아니요! 몰라도 괜찮습니다. 간단한 질문만 입력하면 누구나 사용할 수 있을 정도로 사용법이 매우 쉬우니 안심하고 따라와 주세요.

intro 안녕, 챗GPT!

챗GPT, 자주 하는 질문

Q. 챗GPT를 사용하려면 비용이 드나요?
A. 챗GPT는 기본적으로 무료로 사용할 수 있습니다. 물론 더욱 풍부한 AI 기능을 사용하고 싶다면 유료 플랜을 사용해야 합니다. 하지만 일상에서 사용하기에는 무료 플랜만으로도 충분하오니 챗GPT가 처음이라면 무료 플랜 사용을 추천합니다.

Q. 챗GPT는 외국 프로그램인데 한국어로도 사용할 수 있나요?
A. 네, 물론입니다. 한국어로 질문을 입력하면 챗GPT가 한국어로 답변합니다.

Q. 챗GPT에 어떤 질문을 할 수 있나요?
A. 일상의 궁금한 모든 것을 질문할 수 있습니다. 건강 정보, 책 요약, 청소 꿀팁 등 질문의 범위는 무궁무진하오니 챗GPT에 무엇이든 부담 없이 물어보세요.

Q. 챗GPT가 틀린 정보를 제공할 때도 있나요?
A. 챗GPT는 방대한 정보를 바탕으로 답변을 제공하지만 가끔 잘못된 정보를 알려줄 때도 있습니다. 다만, 버전이 업데이트되면서 이런 오류(일명 '할루시네이션')는 많이 줄어들어 좋아지고 있습니다.

챗GPT 화면 구성

① **대화 입력란** : 챗GPT에게 메시지를 작성하는 대화 입력란으로 질문이나 요청 사항을 입력한 후 Enter 키를 누르거나 또는 ⬆을 클릭하면 챗GPT의 답변이 화면에 나타납니다.

② **추가 질문 버튼** : 대화에 도움이 될 만한 연관 질문 및 요청 사항이 버튼으로 표시됩니다.

③ **사이드바** : 과거 대화 기록과 챗GPT의 부가 기능이 모인 곳으로 지난 대화를 클릭해 내용을 살펴보거나 채팅을 이어갈 수 있습니다.

④ **새 채팅** : 새로운 대화를 시작할 수 있습니다.

⑤ **프로필** : 로그인 계정의 설정을 변경하거나 관리할 수 있습니다.

⑥ **첨부파일 버튼** : 이미지, 문서 등의 파일을 업로드할 수 있습니다.

⑦ **검색 버튼** : 실시간 인터넷 검색을 요청할 수 있습니다.

챗GPT 앱 화면 구성

 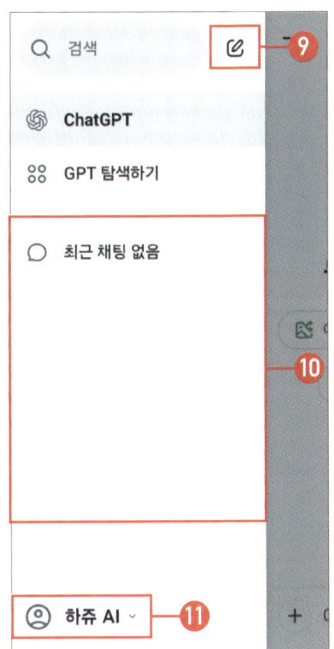

① **채팅창** : 사용자가 입력한 메시지와 챗GPT의 응답을 표시합니다.

② **첨부파일 버튼** : 이미지, 문서 등의 파일을 업로드할 수 있습니다.

③ **입력란** : 질문이나 요청 사항을 텍스트로 직접 입력하는 채팅 입력란입니다.

④ **음성 입력 버튼** : 음성으로 텍스트를 입력하여 질문할 수 있습니다.

⑤ **음성 모드** : 챗GPT와 음성으로 대화할 수 있습니다.

⑥ **메뉴** : 사이드바를 활성화할 수 있습니다.

⑦ **Plus 이용하기** : 챗GPT Plus(유료 플랜)로 가입할 수 있습니다.

⑧ **임시채팅** : 기록에 남지 않는 대화를 할 수 있습니다.

⑨ **새 채팅** : 새로운 대화를 시작할 수 있습니다.

⑩ **채팅 제목** : 채팅 주제를 표시합니다.

⑪ **프로필** : 로그인 계정의 설정을 변경하거나 관리할 수 있습니다.

Chapter 01
컴퓨터에서 챗GPT 시작하기

챗GPT의 개념을 이해했다면 이제 본격적으로 사용 방법을 알아보겠습니다. 먼저, 구글 계정을 만드는 방법부터 차근차근 살펴보겠습니다. 처음이어도 걱정마세요! 본문의 따라 하기 과정에 맞춰 학습을 완료하면 언제든지 쉽게 챗GPT를 시작할 수 있습니다.

step 1 구글 계정 만들기

01 웹 브라우저(엣지, 크롬 등)를 실행한 후 주소 입력란에 google.com을 입력하고 Enter 키를 누릅니다.

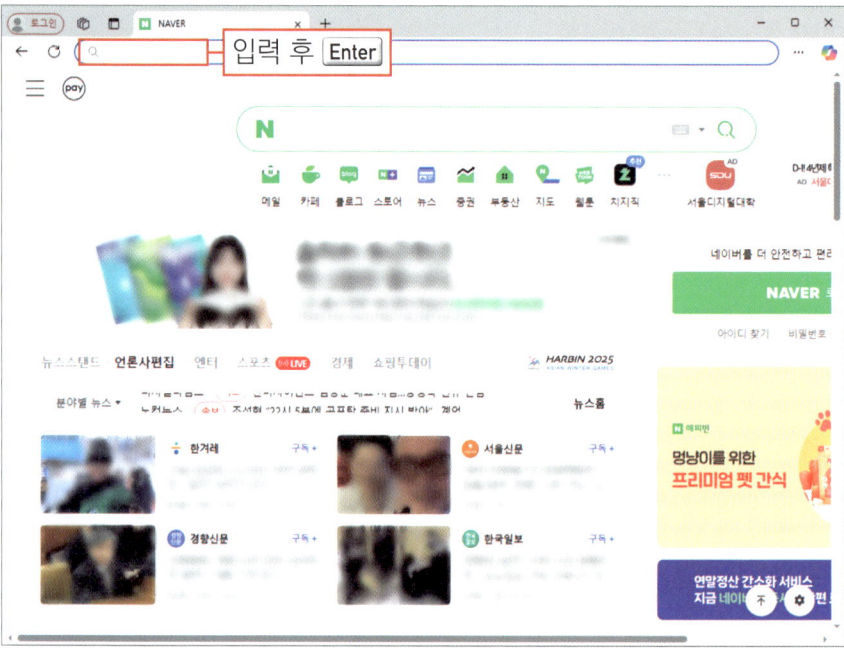

02 구글 홈 화면의 [로그인] 버튼을 클릭합니다.

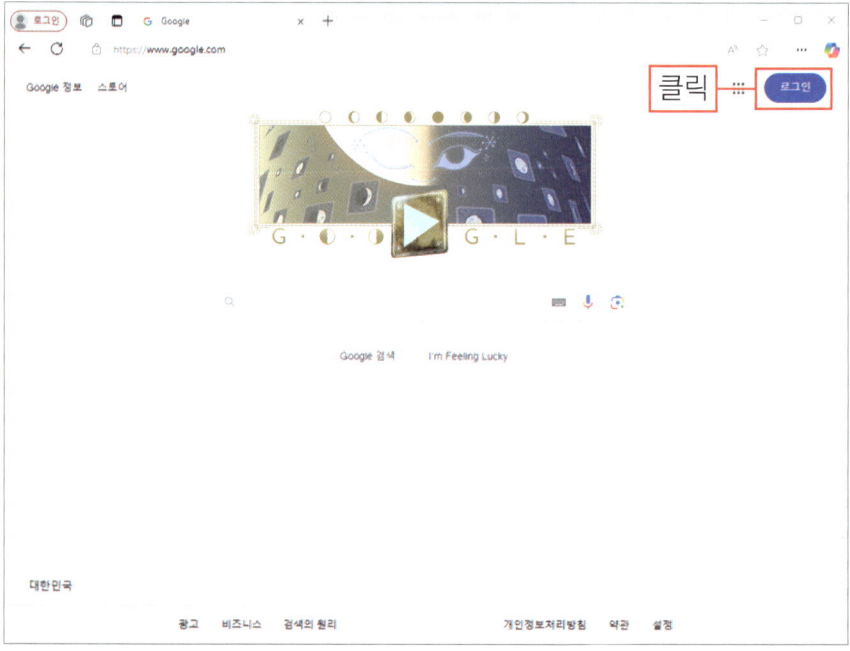

03 로그인 화면이 나타나면 [계정 만들기]를 클릭합니다.

04 이어서 [계정 만들기] 목록에서 [개인용]을 선택합니다.

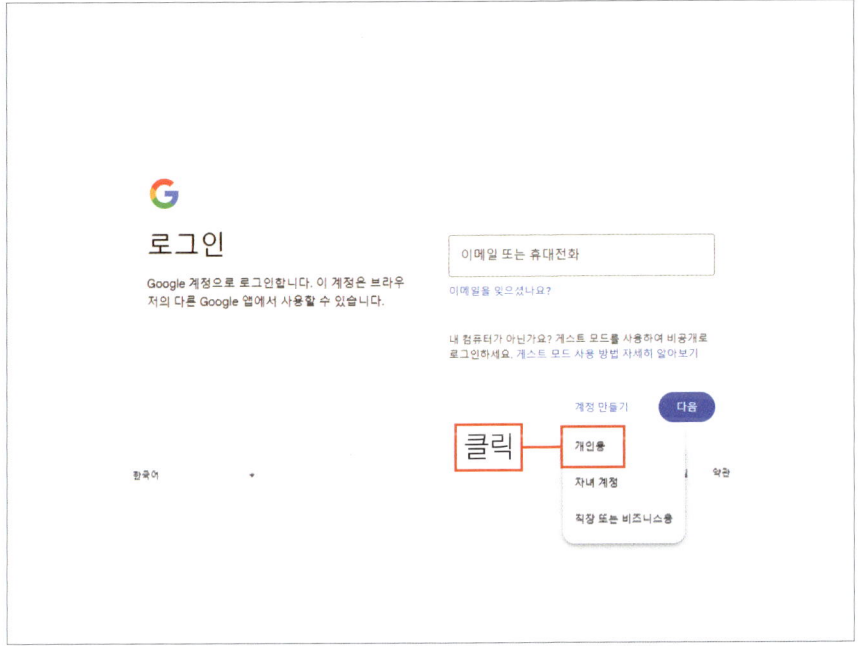

05 Google 계정 만들기 화면이 나타나고 [성]과 [이름]을 각 입력란에 맞게 입력한 후 [다음] 버튼을 클릭합니다.

06 기본 정보 화면에서 생년월일과 성별을 선택한 후 [다음] 버튼을 클릭합니다.

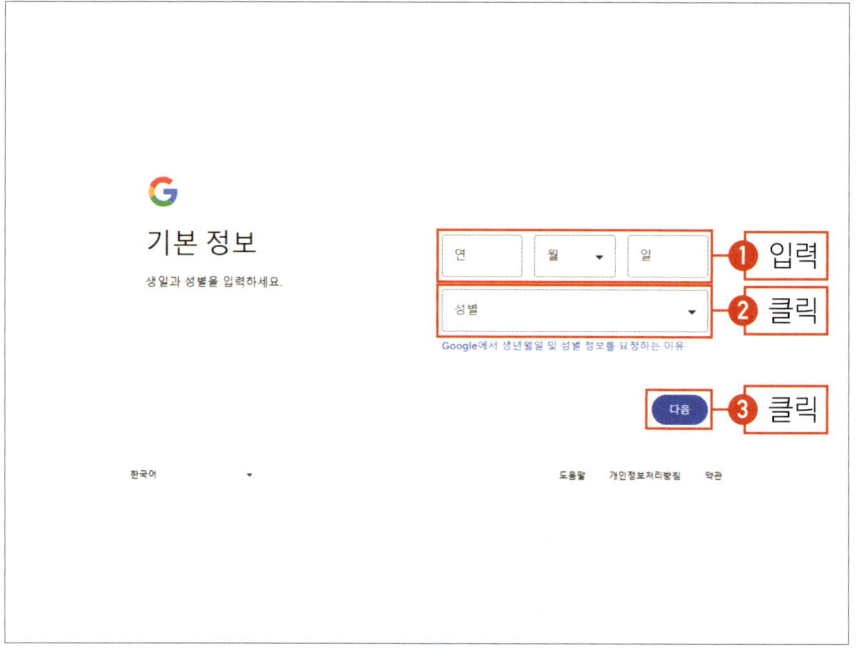

07 다음 로그인 방법 화면의 [사용자 이름] 입력란에 원하는 메일 주소를 입력하고 [다음] 버튼을 클릭합니다.

하쥬 TIP

만약, Gmail 주소 선택하기 화면이 나타나면 [내 Gmail 주소 만들기]를 선택한 후 원하는 메일 주소를 입력하고 [다음] 버튼을 클릭합니다.

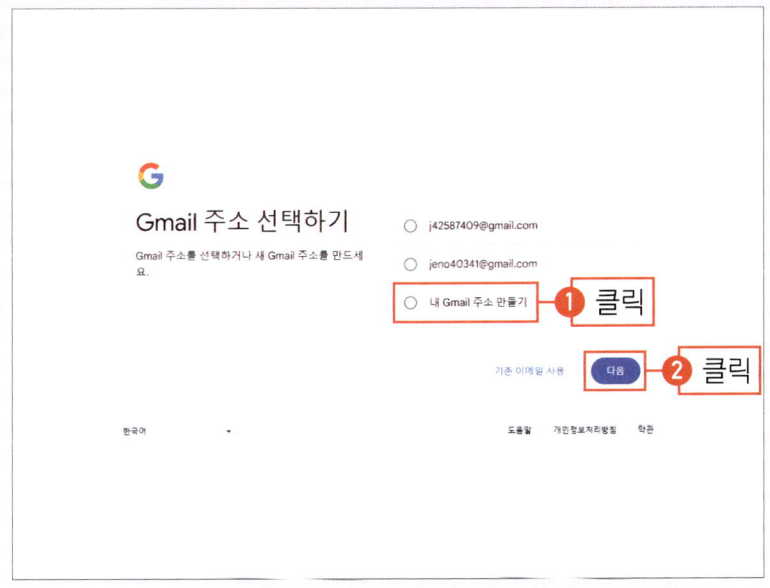

08 안전한 비밀번호 만들기 화면이 나타나면 문자, 숫자, 기호를 조합해 비밀번호를 만들고 각 입력란에 비밀번호를 입력한 후 [다음] 버튼을 클릭합니다.

09 복구 이메일 추가는 구글 계정 생성의 필수 사항이 아니므로 [건너뛰기] 버튼을 클릭합니다.

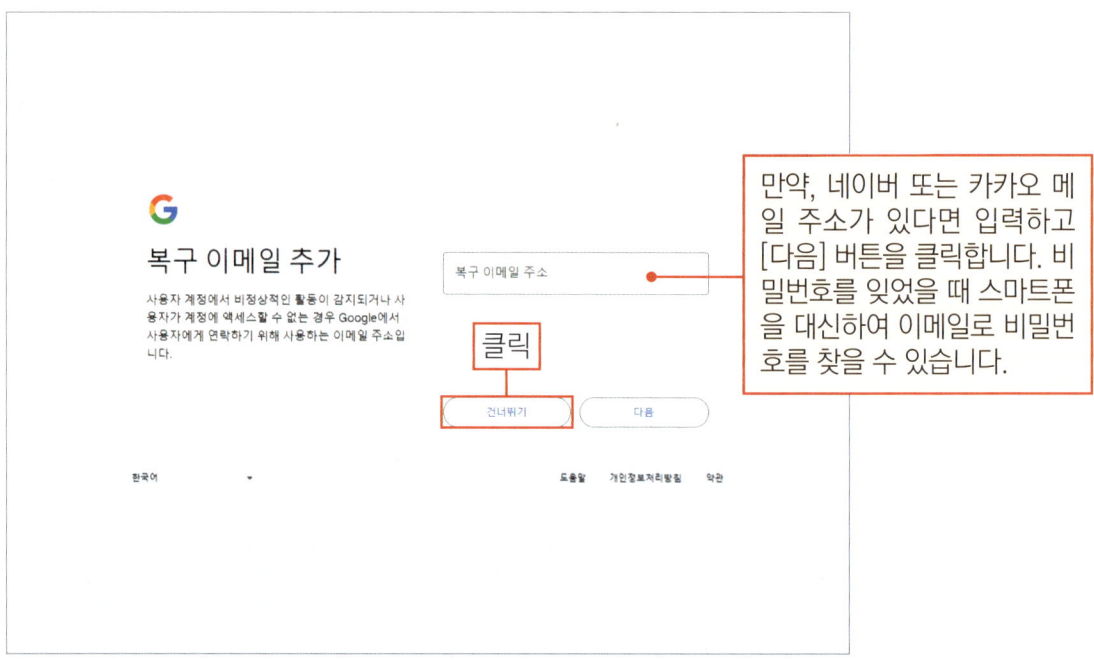

10 계정 정보 검토 화면에서 메일 주소를 다시 한번 확인한 후 [다음] 버튼을 클릭합니다.

11 마지막 개인 정보 보호 및 약관 화면에서 스크롤을 내려 [Google 서비스 약관에 동의함]을 선택한 후 [계정 만들기] 버튼을 클릭하면 구글 계정 생성이 완료됩니다.

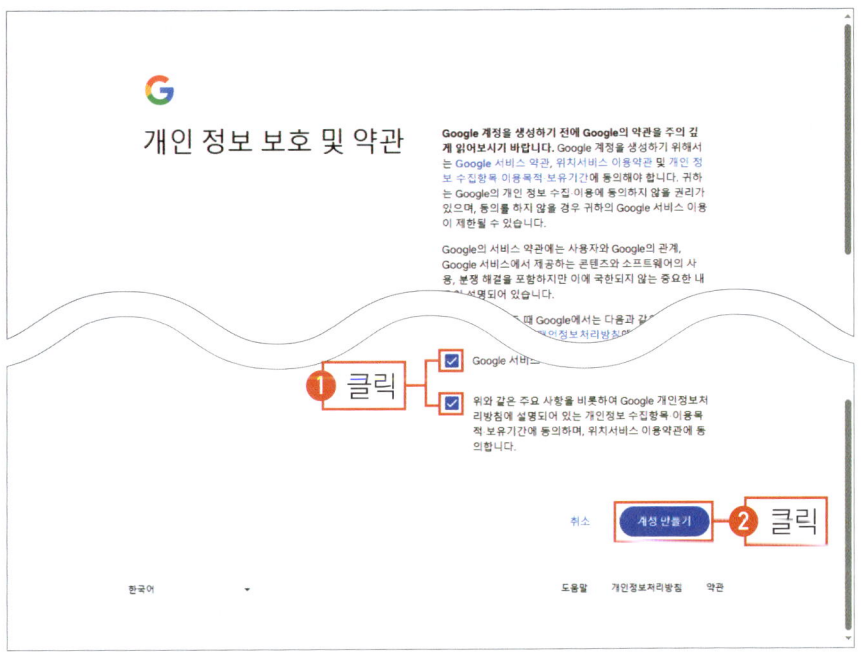

하쥬 TIP 💡 복구 전화번호 추가

구글 계정의 비밀번호를 잊어 버렸을 때를 대비하여 '복구 전화번호'를 추가해 놓는 것을 추천합니다.

01 화면 상단의 프로필을 클릭한 후 프로필 창이 나타나면 [복구 전화번호 추가] 버튼을 클릭합니다.

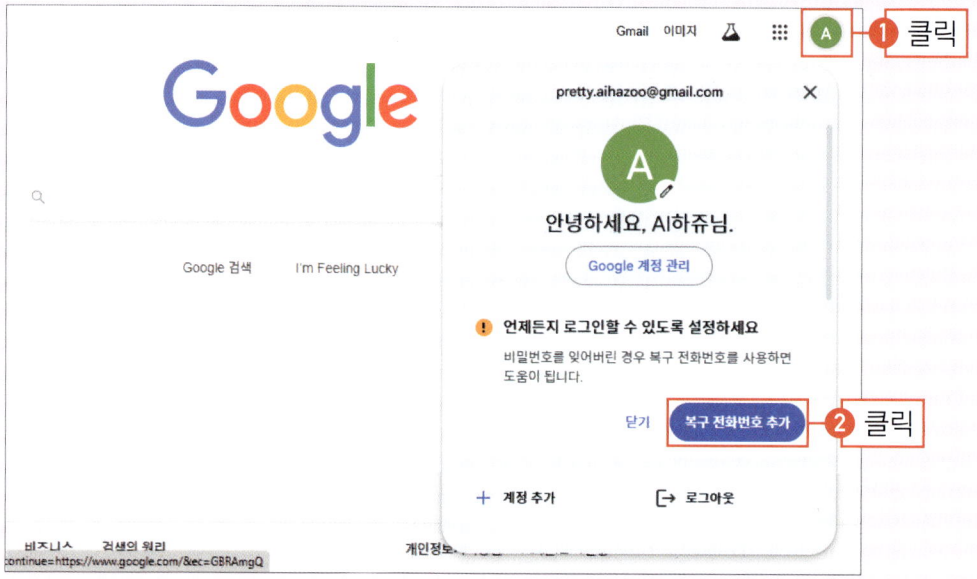

02 Google 계정 화면이 나타나면 [복구 전화번호]의 ✏️을 클릭합니다. 복구 정보 설정 창이 나타나고 번호 입력란에 사용자의 전화번호를 입력한 후 [저장] 버튼을 클릭합니다.

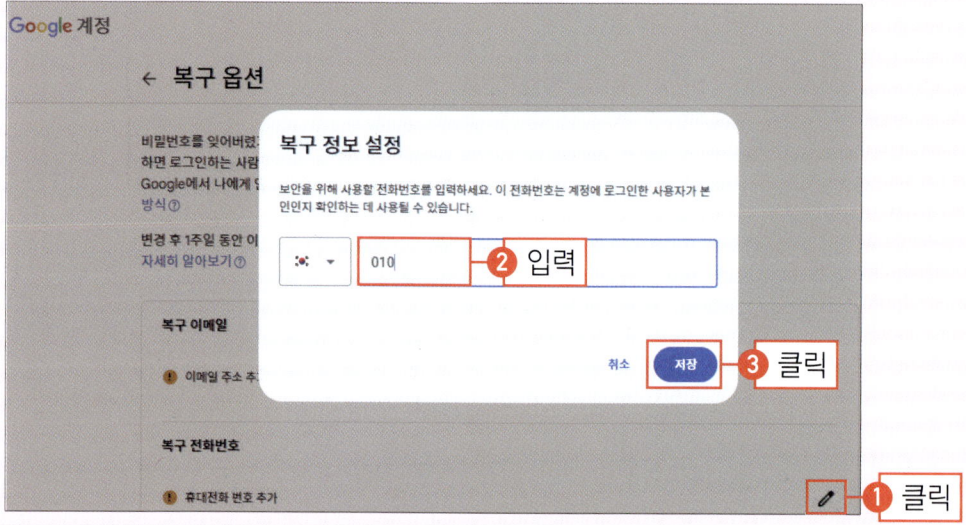

step 2 챗GPT 웹 사이트 접속하기

01 웹 브라우저(엣지, 크롬 등)를 실행한 후 검색어 입력란을 클릭합니다.

02 '챗GPT'를 입력한 후 Enter 키를 누릅니다.

03 검색 결과 상단의 챗GPT 공식 웹 사이트를 클릭합니다.

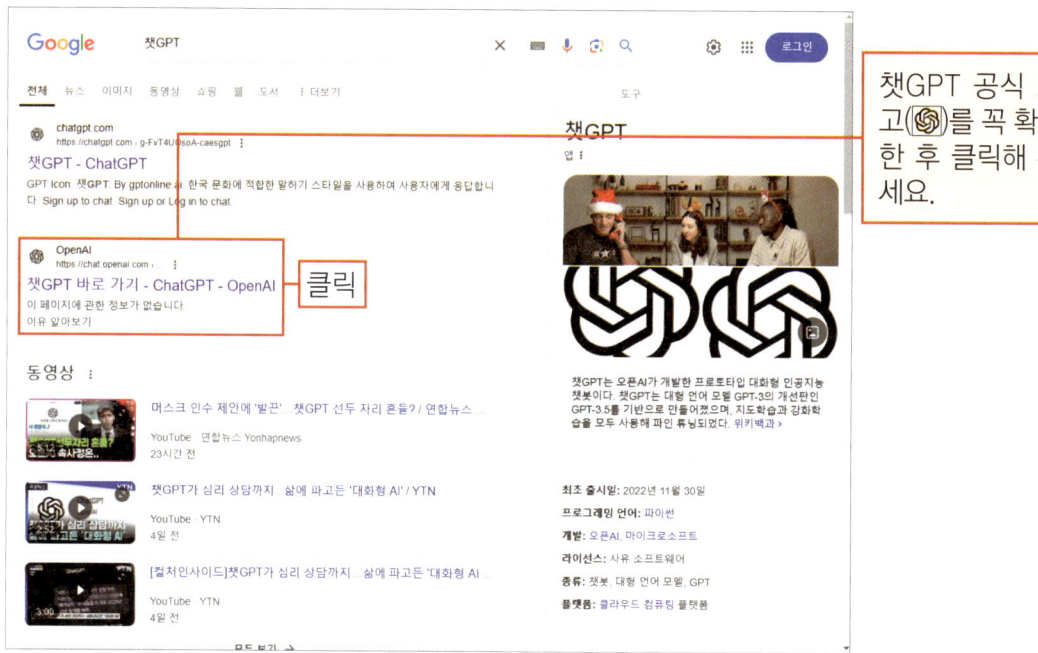

04 챗GPT 홈 화면이 나타납니다.

step 3 챗GPT 웹 사이트 로그인하기

01 챗GPT 홈 화면의 [회원 가입] 버튼을 클릭합니다.

02 계정 만들기 화면의 로그인 계정 목록에서 [Google로 계속하기] 버튼을 클릭합니다.

대부분의 AI 툴은 구글 계정만으로 간편하게 회원가입 및 로그인을 할 수 있습니다.

03 Google 계정으로 로그인 화면에서 Gmail 주소와 비밀번호를 입력하고 [다음] 버튼을 클릭합니다.

04 첫 로그인 시 나타나는 챗GPT 이용 약관을 확인한 후 [계속] 버튼을 클릭합니다.

05 사용자님에 대해 알려주세요 화면이 나타나면 [성명], [생일] 입력란에 이름과 생년월일을 입력하고 [다음 사항에 모두 동의합니다]를 선택한 뒤 [계속] 버튼을 클릭합니다.

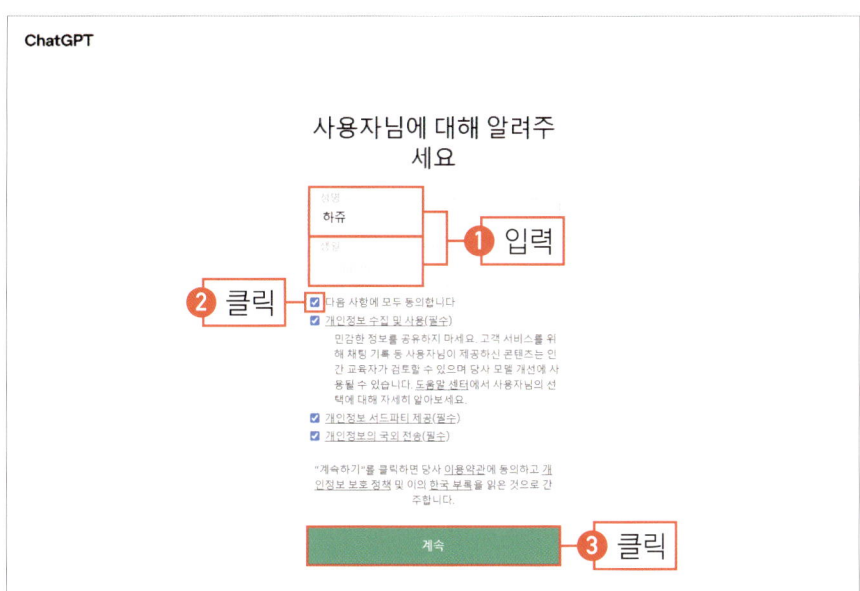

06 ChatGPT 시작 팁 안내 창이 나타나면 [이제 시작하죠] 버튼을 클릭합니다.

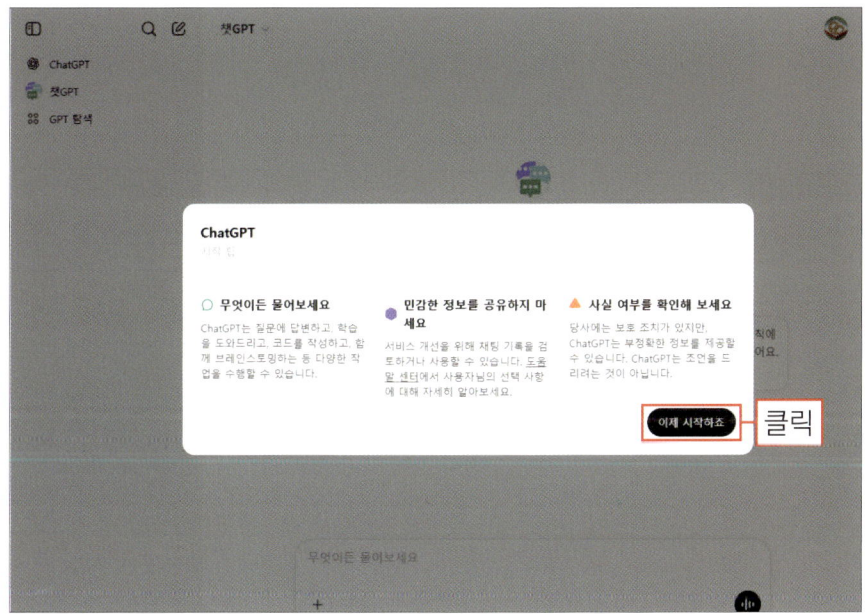

하쥬 TIP

구글 계정을 만들 때와 같은 브라우저로 챗GPT에 접속하면 구글에 자동 로그인되어 계정 선택만으로 간편하게 회원가입을 완료할 수 있습니다.

Chapter 02
챗GPT 요금제 확인과 맞춤 설정하기

이번 챕터에서는 챗GPT의 다양한 요금제를 살펴보고 각 요금제의 특징을 알아보겠습니다. 더불어 챗GPT를 사용 목적에 맞게 최적화할 수 있는 맞춤 설정 방법도 알려드립니다.

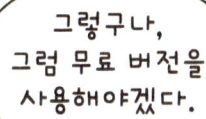

step 1 챗GPT 요금제 확인하기

01 챗GPT를 실행한 후 홈 화면 하단의 [플랜 업그레이드]를 클릭합니다.

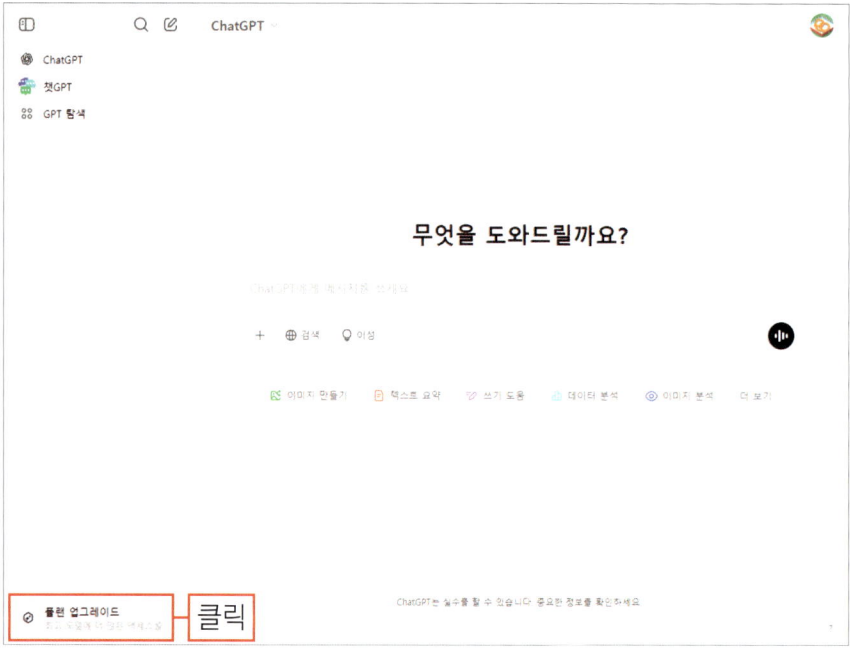

02 챗GPT 개인 요금제는 무료와 유료(플러스, 프로)로 나뉘며 [프리] 버전은 무료, [플러스]와 [프로] 버전은 유료입니다.

하쥬 TIP 💡 챗GPT 요금제 종류

프리(Free) : 무료로 이용 가능하며, 챗GPT가 제공하는 기본 모델(GPT-4o mini)로 기본적인 대화와 정보 검색이 가능합니다. GPT-4o 모델도 제한적으로 사용이 가능합니다.

플러스(Plus) : 월 $20(한화 약 29,000원)의 유료 요금제로 GPT-4o 모델을 원활하게 사용할 수 있으며 이미지 생성, 고급 음성, Sora 영상 생성 등이 가능합니다. 더불어 최신 모델(o1, o3-mini 등)을 제한적으로 사용할 수 있습니다.

프로(Pro) : 월 $200(한화 약 294,000원)의 유료 요금제로 플러스의 모든 기능과 더불어 챗GPT의 최신 모델(o1, o3-mini 등)을 무제한 사용할 수 있는 전문가용 플랜입니다.

챗GPT를 처음 사용할 땐 무료인 프리 플랜으로도 충분합니다. 먼저 프리 플랜을 사용해 본 후, 더욱 풍부한 AI 기능을 경험하고 싶다면 유료 플랜을 고려해 보세요!

03 챗GPT 사용 목적을 고려한 후 유료 플랜을 원한다면 [Plus 이용하기] 버튼을 클릭합니다. 기존의 챗GPT 무료 버전만으로 충분하다면 ⊠ 버튼을 클릭합니다.

04 챗GPT 홈 화면이 나타납니다.

하쥬 TIP 챗GPT 플랜 업그레이드

01 OpenAI 결제 화면에서 챗GPT 플러스 플랜 월 청구 금액을 확인한 후

02 화면 우측의 [결제 방식] 영역에 [카드 정보], [카드 소유자 이름], [청구 주소] (국가, 시, 구, 동, 상세주소, 우편번호 등)를 차례로 입력합니다.

03 [약관 동의]를 선택하고 [구독하기] 버튼을 클릭합니다(개인사업자라면 [비즈니스 목적으로 구매합니다]를 선택한 후 사업자 번호를 입력하면 부가가치세(10%)가 면제됩니다).

step 2 챗GPT 맞춤 설정하기

01 챗GPT 홈 화면 상단의 프로필을 클릭합니다.

02 프로필 및 설정 메뉴가 나타나고 [ChatGPT 맞춤 설정]을 클릭합니다.

03 화면에 ChatGPT 맞춤 설정 창이 나타나고 맞춤형 응답을 받기 위해 ChatGPT 맞춤 설정 각 입력란에 본인의 정보를 입력합니다.

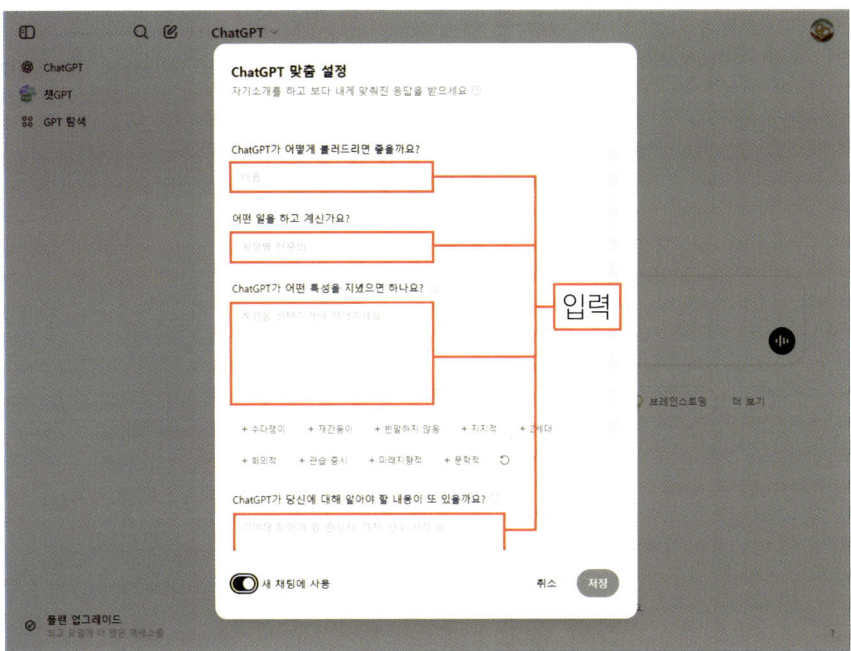

하쥬 TIP ChatGPT 맞춤 설정

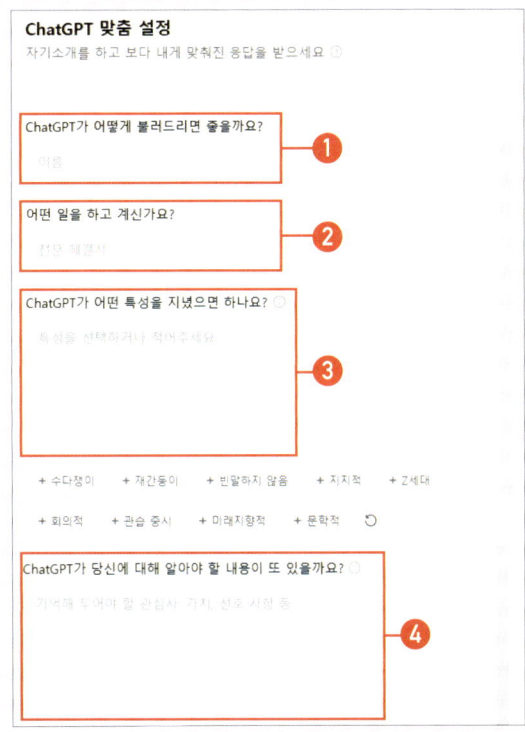

❶ 'ChatGPT가 어떻게 불러드리면 좋을까요?'에는 본인의 이름이나 불리고 싶은 별명을 입력합니다(예 현주, 종달새).

❷ '어떤 일을 하고 계신가요?'에 본인의 직업이나 역할을 입력합니다(예 디자이너, 주부).

❸ 'ChatGPT가 어떤 특성을 지녔으면 하나요?'에 제공된 특성 중 원하는 것을 선택하거나 원하는 응답 스타일을 입력합니다(예 반말하지 않음).

❹ 'ChatGPT가 당신에 대해 알아야 할 내용이 또 있을까요?'에 본인의 관심사나 선호 사항 등을 입력합니다(예 난 영어를 배우고 있어).

04 맞춤 설정을 모두 작성하였다면 ChatGPT 맞춤 설정 창의 [저장] 버튼을 클릭합니다.

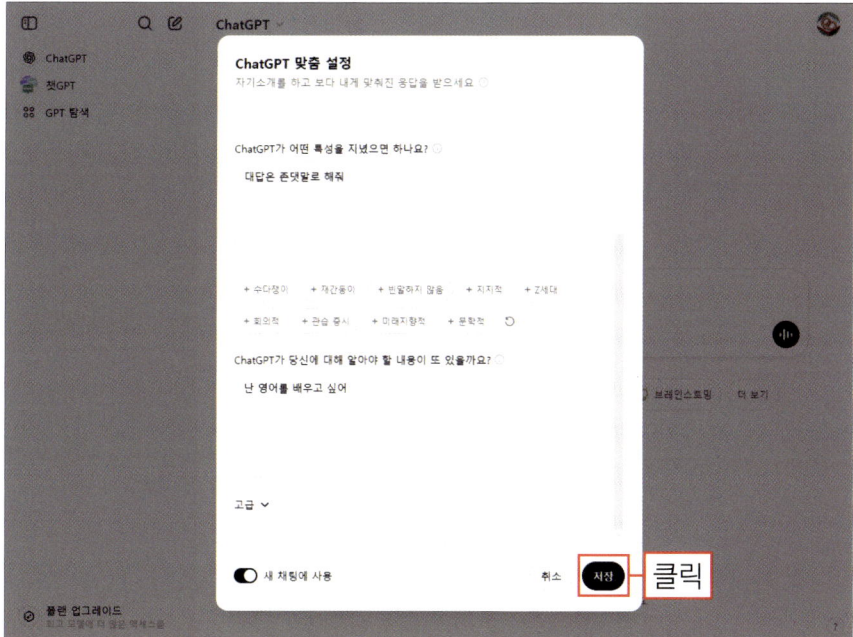

저장한 ChatGPT 맞춤 설정은 새 채팅부터 적용됩니다.

Chapter 03
챗GPT와 대화하기

이번 챕터에서는 챗GPT와 대화하는 방법에서부터 알아두면 좋은 대화 관리 및 공유 방법에 대해 안내합니다. 챗GPT를 더 효과적이고 간편하게 활용할 수 있는 기본 대화 방법은 무엇인지 자세히 알아보겠습니다.

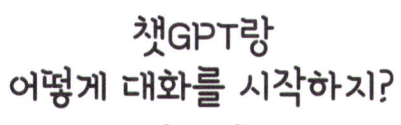

step 1 챗GPT와 묻고 답하기

01 챗GPT 웹 사이트(chatgpt.com)를 실행한 후 로그인합니다.

02 홈 화면의 대화 입력란에 질문을 입력하고 Enter 키(혹은 ● 클릭)를 누릅니다.

03 챗GPT의 답변을 확인합니다.

 60대에게 적합한 실내 운동 추천해 주세요.

 60대는 체력 유지와 관절 보호를 중심으로 한 저충격 실내 운동이 적합합니다. 체력 수준에 맞춰 꾸준히 할 수 있는 운동을 선택하는 것이 중요합니다. 아래에 몇 가지 추천 운동을 소개합니다.

1. 걷기 또는 가벼운 러닝 머신
러닝 머신에서 걷거나 가벼운 조깅을 하는 것은 심혈관 건강을 돕고, 체중 관리에 효과적입니다.
처음에는 천천히 시작하고 속도와 경사도는 조금씩 늘려가며 몸에 무리가 가지 않도록 하세요.

2. 고정식 자전거
고정식 자전거는 무릎이나 발목에 큰 무리를 주지 않으면서도 심장과 하체…

04 추가로 궁금한 내용이 있으면 이어서 질문을 입력합니다.

 운동은 몇 분 정도 하는 걸 추천해?

 처음에는 10~15분 정도로 시작하고 점차 몸이 적응하면 20~30분 정도로 늘리는 것을 추천합니다. 처음에는 너무 무리하지 않고, 걷기 위주로 시작해 속도와 시간을 조금씩 늘려가세요. 목표는 꾸준히 할 수 있도록 피로감이 적당한 정도에서 운동을 마치는 것입니다.

운동 강도는 말할 수 있을 정도로 가벼운 속도로 유지하고, 주 3~5회 정도가 적당합니다.

step 2 챗GPT에게 똑똑하게 질문하기

▶ 구체적으로 질문하기

구체적인 질문은 챗GPT 사용의 핵심입니다. 나의 정보와 상황을 자세히 입력합니다.

예① 눈에 좋은 음식을 추천해 주세요. ❌

60대 여성이 눈 건강을 위해 섭취하면 좋은 영양소와 음식을 알려 주세요.

▼

나이가 들면서 눈 건강이 자연스럽게 저하될 수 있지만, 적절한 영양 섭취와 식단 관리를 통해 이를 예방하고 개선할 수 있습니다. 특히 60대 여성에게는 눈의 피로를 줄이고 노화로 인한 질환을 예방할 수 있는 영양소가 중요합니다. 아래는 눈 건강에 도움을 주는 주요 영양소와 이를 풍부하게 함유한 음식들입니다.

1. 루테인과 제아잔틴
- 효과: 황반 색소를 강화해 눈을 보호하고, 노화로 인한 황반변성 예방.

예② 고혈압에 좋은 음식 추천해 주세요. ❌

70대 여성이 고혈압 관리를 위해 먹으면 좋은 음식과 그 이유를 알려주세요.

▼

고혈압 관리를 위해 도움이 되는 음식들은 혈압을 낮추거나 혈관 건강을 지원하는 성분이 포함되어 있습니다. 특히 나트륨 섭취를 줄이고 칼륨, 마그네슘, 섬유질이 풍부한 음식을 섭취하면 혈압 관리에 효과적입니다. 아래는 고혈압 관리를 돕는 몇 가지 추천 음식과 그 이유입니다.

채소(특히 녹황색 채소)
시금치, 케일 브로콜리, 양배추 등은 칼륨, 마그네슘이 풍부하며 혈관을 이완시키고….

▶ 단계별 설명 요청하기

복잡한 정보를 논리적으로 쉽게 이해하고 싶다면 '단계별 설명'을 요청합니다.

 재무 계획 세우는 방법을 알려 주세요.

> 초보자가 쉽게 시작할 수 있는 재무 계획을 단계별로 알려 주세요.

> 초보자도 쉽게 시작할 수 있는 재무 계획은 복잡한 지식 없이도 간단하게 접근할 수 있습니다. 다음은 단계별로 진행하는 재무 계획 방법입니다.
>
> **1단계: 목표 설정**
> 먼저 재무 목표를 구체적으로 설정하세요. 예를 들어 1년 안에 100만 원을 모으기 또는 5년 뒤에 집 장만 자금 모으기 같은 단기/중기/장기 목표로 나눠 보세요. 목표가 구체적일수록 재무 계획을 세우기 쉽습니다.
>
> **2단계: 현재 재무 상태 파악**

 스마트폰 사용하는 방법을 알려주세요

> 초보자가 따라 하기 쉬운 스마트폰 사용법을 단계별로 알려 주세요.

> 스마트폰 사용이 처음이신 분들을 위해 단계별로 쉽게 따라 할 수 있는 스마트폰 사용법을 정리해 드릴게요. 천천히 따라 하시면 됩니다!
>
> **1. 스마트폰 켜기**
> 방법: 스마트폰 옆쪽 또는 위쪽에 있는 전원 버튼을 2~3초간 꾹 누릅니다.
> 결과: 화면에 로고가 나타나고, 스마트폰이 켜집니다.
>
> **2. 잠금 해제하기**
> 방법: 화면을 한 번 터치하거나, 옆쪽 버튼을 짧게 눌러 화면을 켭니다.

▶ 답변 형식 지정하기

원하는 답변 형식이 있다면 그 형식을 지정해 답변을 요청합니다.

 건강 관리 식단을 세워 주세요.

> 아래와 같은 형식으로 60대 여성을 위한 일주일 건강 관리 식단을 세워 주세요.
> [예시] 월요일 : 아침( ), 점심( ), 저녁( )   화요일 : 아침( ), 점심( ), 저녁( )

▼

> 60대 여성을 위한 일주일 건강 관리 식단을 아래와 같은 형식으로 구성해 보았습니다. 식단은 단백질, 건강한 지방, 충분한 식이섬유가 포함된 균형 잡힌 구성으로 되어 있으며, 가공식품을 최소화하고 다양한 영양소를 제공하는 식단을 지향합니다.
>
> **월요일**
> **아침:** 귀리죽(귀리 + 우유 견과류 약간), 블루베리 약간, 삶은 달걀 1개
> **점심:** 현미밥, 닭가슴살 샐러드(올리브유 드레싱), 나물 반찬(미역, 시금치 등)
> **저녁:** 고등어 구이, 쌈 채소, 무생채, 된장국

 간단한 요리법 알려 주세요.

> 아래와 같은 형식으로 달걀을 활용한 간단한 요리법 알려 주세요.
> [예시] 재료 : (필요한 재료 목록)   조리시간 : (소요 시간)   조리 방법 : (단계별 설명)

▼

> 물론입니다! 아래에 간단한 달걀 요리법을 알려드릴게요.
>
> **[달걀프라이]**
> **재료:** 달걀 2개, 소금 약간, 식용유 1큰술
> **조리시간:** 5분
> **조리 방법:**
> 1. 달걀을 그릇에 깨서 넣고, 우유, 소금, 후추를 넣은 후 고루 섞어 줍니다.
> 2. 중약불에서 팬을 달군 후 버터를 녹입니다.
> 3. 팬에 달걀 혼합물을 부은 후, 젓가락이나 스패츌러로 부드럽게 저어가며 익힙니다.

step 3 챗GPT 대화 정리 및 공유하기

▶ 대화 기록 삭제하기

01 사이드바의 [대화 기록] 영역에서 삭제하고 싶은 대화에 커서를 두고 [옵션(…)]을 클릭합니다.

02 옵션 목록이 나타나면 [삭제]를 클릭합니다.

03 화면에 채팅 삭제 안내 창이 나타나면 [삭제] 버튼을 클릭합니다.

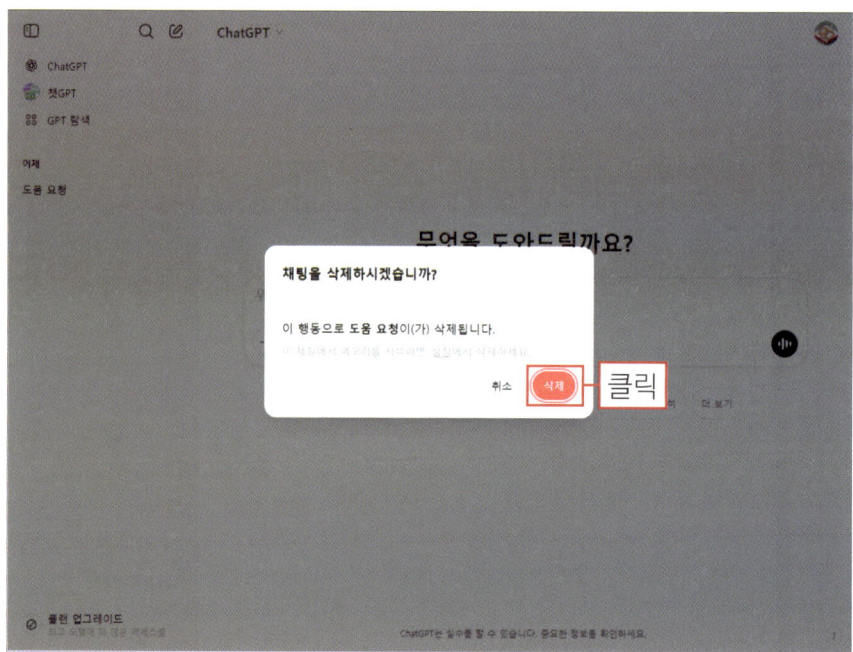

04 챗GPT와의 대화 기록이 삭제되었습니다.

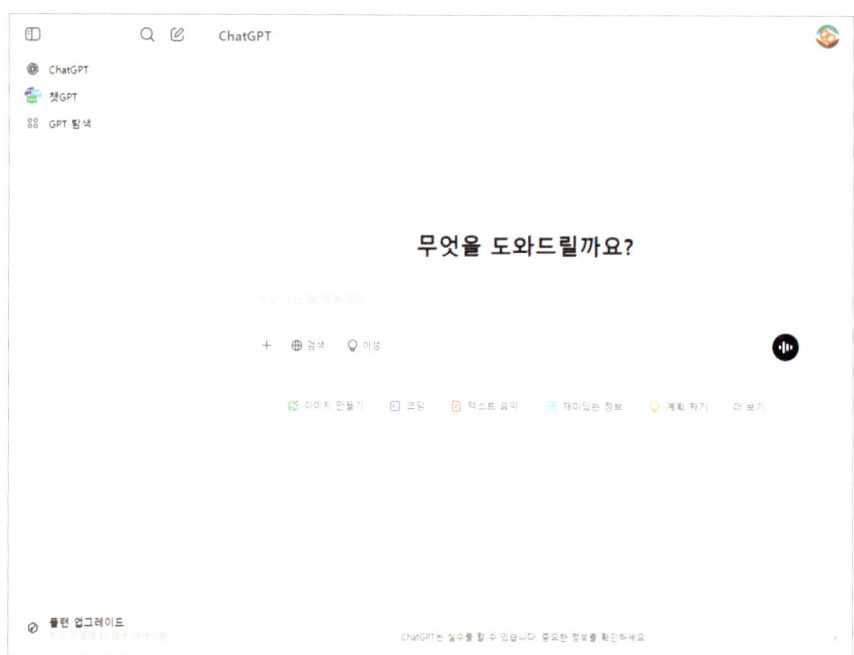

▶ 새 대화 시작하기

01 사이드바 상단의 ✎을 클릭합니다.

02 지난 대화 기록이 사라지고 대화 입력란이 나타나면 이전 대화와 독립된 새 대화를 시작할 수 있습니다.

▶ 대화 공유하기

01 사이드바의 [대화 기록] 영역에서 [옵션(…)]을 클릭합니다.

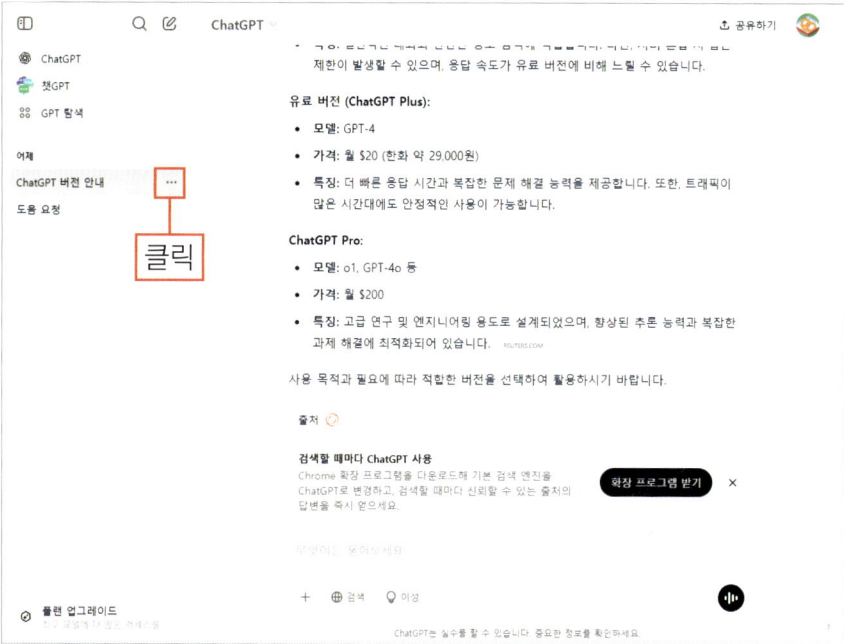

02 목록이 나타나면 [공유하기]를 클릭합니다.

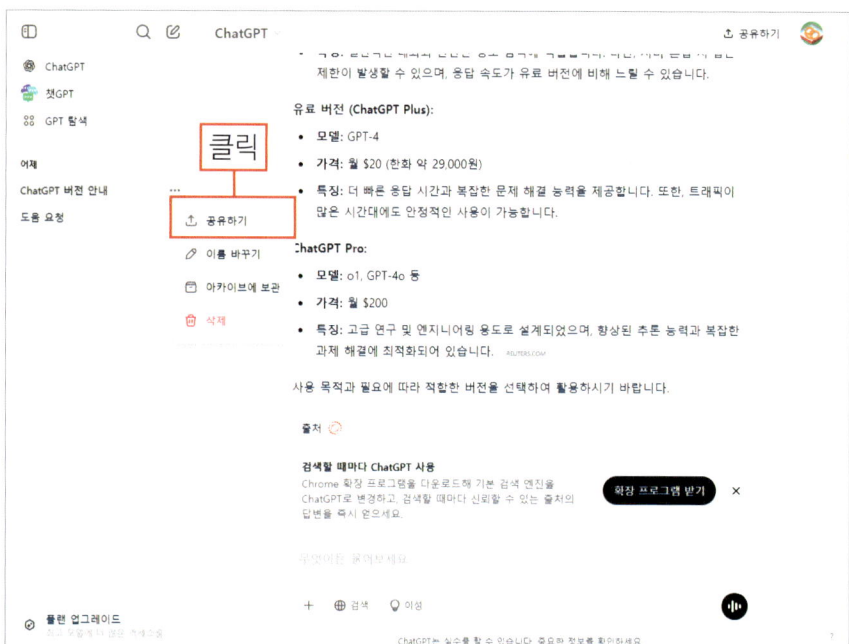

03 채팅의 공개 링크 공유 창이 나타나면 [링크 만들기] 버튼을 클릭합니다.

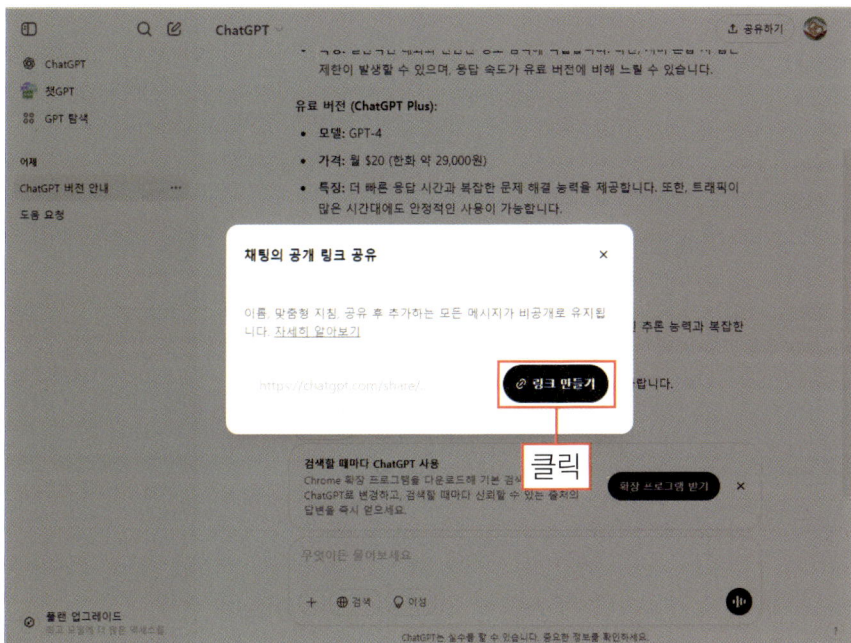

04 이어서 [링크 복사하기] 버튼을 클릭합니다. 링크가 복사되고 메일 또는 SNS에 해당 링크를 붙여넣기하면 챗GPT와 나눈 대화를 다른 사용자와 공유할 수 있습니다.

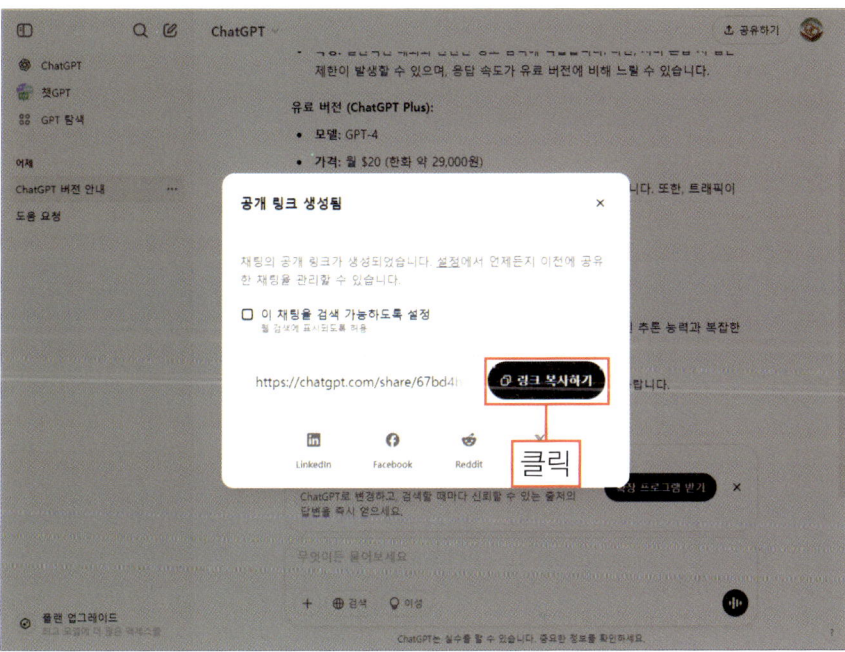

Chapter 04
챗GPT, 일상생활에서 활용하기

이번 챕터에서는 챗GPT를 본격적으로 활용해 일상에서 유용한 정보를 얻는 방법에 대해 안내하겠습니다. 건강 정보부터 생활 속 꿀팁까지 다양한 예시를 확인한 후 실생활에 직접 적용해 보세요!

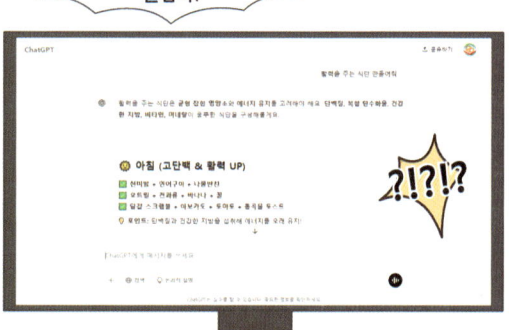

step 1 챗GPT로 건강 정보 얻기

01 챗GPT를 실행한 후 홈 화면의 대화 입력란을 클릭합니다.

02 건강과 관련하여 궁금한 사항을 상세히 입력하고 Enter 키(혹은 ↑ 키 클릭)를 누릅니다.

03 챗GPT의 답변을 확인합니다.

 70대 남성에게 좋은 고혈압 관리 식품을 추천해 주세요.

 70대 남성에게 고혈압 관리에 도움이 되는 식품을 추천드릴게요. 고혈압은 식단과 생활 습관 개선을 통해 효과적으로 관리할 수 있습니다. 아래와 같은 식품을 꾸준히 섭취하는 것이 도움이 됩니다.

채소와 과일
잎채소: 시금치, 케일, 상추 등은 칼륨이 풍부해 체내 나트륨을 배출하는 데 도움을 줍니다.
베리류: 블루베리, 라즈베리 등은 항산화 성분이 풍부해 혈압 조절에 긍정적인 영향을 줍니다.
바나나: 칼륨이 많아 나트륨 수치를 낮추는 데 좋습니다.

통곡물
퀴리와 오트밀: 식이섬유가 많아 콜레스테롤과 혈당을 안정시키는 데 도움을 주며, 이는 고혈압 완화에 긍정적입니다.

04 추가적으로 궁금한 사항이 있다면 이어서 질문을 입력합니다.

 70대 남성이 매일 할 수 있는 간단한 스트레칭 방법을 알려 주세요.

 70대 남성이 매일 할 수 있는 간단한 스트레칭 방법을 소개해 드릴게요. 신체의 유연성과 균형을 유지하면서 무리가 가지 않도록 안전한 스트레칭을 선택했습니다.

1. 목 스트레칭
방법: 의자에 앉거나 서서 어깨에 힘을 빼고 편안한 자세를 취합니다. 고개를 천천히 왼쪽으로 돌려 어깨 쪽을 바라보고 10초간 유지합니다. 반대쪽으로도 동일하게 반복합니다.
효과: 목의 긴장 완화와 유연성 증대.

2. 어깨 돌리기
방법: 양팔을 늘어뜨리고 어깨를 천천히 돌립니다. 앞·뒤로 5회 반복합니다.

step 2 챗GPT로 생활 꿀팁 얻기

01 챗GPT 홈 화면의 대화 입력란을 클릭합니다.

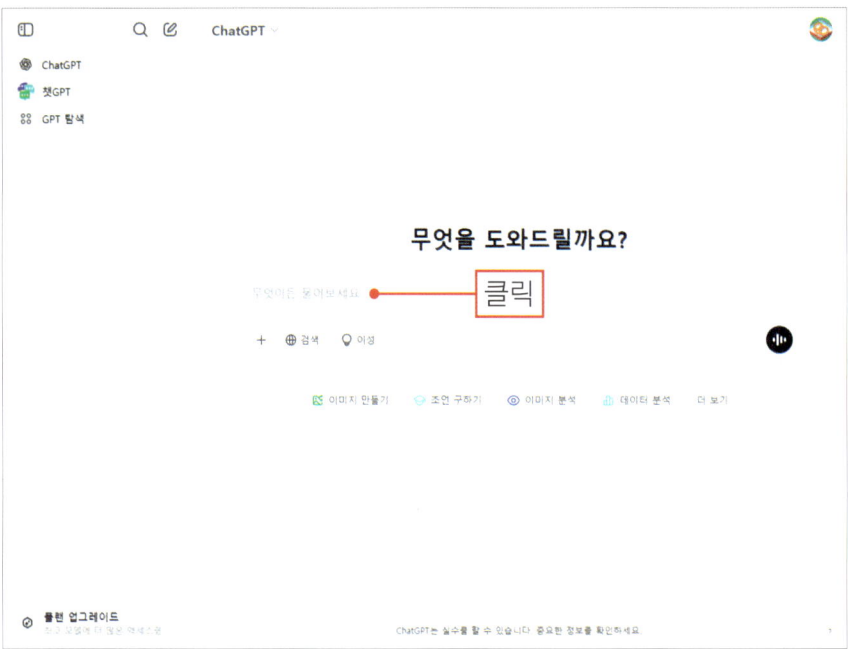

02 일상생활 속 알고 싶은 궁금한 정보를 상세히 입력하고 Enter 키(혹은 ⬆ 키 클릭)를 누릅니다.

03 챗GPT의 답변을 확인합니다.

 화장실 하수구 냄새를 없애는 방법을 알려 주세요.

▼

화장실 하수구에서 나는 냄새를 없애는 방법은 여러 가지가 있습니다. 냄새의 원인에 따라 적절한 방법을 선택해 보세요.

1. 배관 청소하기 (찌든 때 & 세균 제거)
① 뜨거운 물 붓기: 끓인 물을 천천히 부어 기름때와 오염물질을 녹입니다.
② 베이킹소다 + 식초 사용: 베이킹소다 1컵을 하수구에 뿌린 후 식초 1컵을 부어 거품이 나도록 합니다. 10~15분 후 뜨거운 물을 흘려보내 씻어줍니다.

04 이어서 다른 궁금한 사항이 있다면 질문을 추가해 대화를 이어갑니다.

 양파 오래 보관하는 방법을 알려 주세요.

▼

양파를 오래 보관하려면 다음 방법을 참고하세요.

1. 상온 보관 (최대 2~3개월)
서늘하고 건조한 곳에 보관하세요. (섭씨 10~15도)
망이나 바구니에 넣어 공기가 잘 통하도록 합니다.
햇빛이 닿지 않도록 어두운 곳에 둡니다.
양파를 망에 걸어두거나 스타킹에 하나씩 넣어 매듭을 지어 보관하면 좋습니다.

step 3 챗GPT로 영화 추천받기

01 챗GPT 홈 화면의 대화 입력란을 클릭합니다.

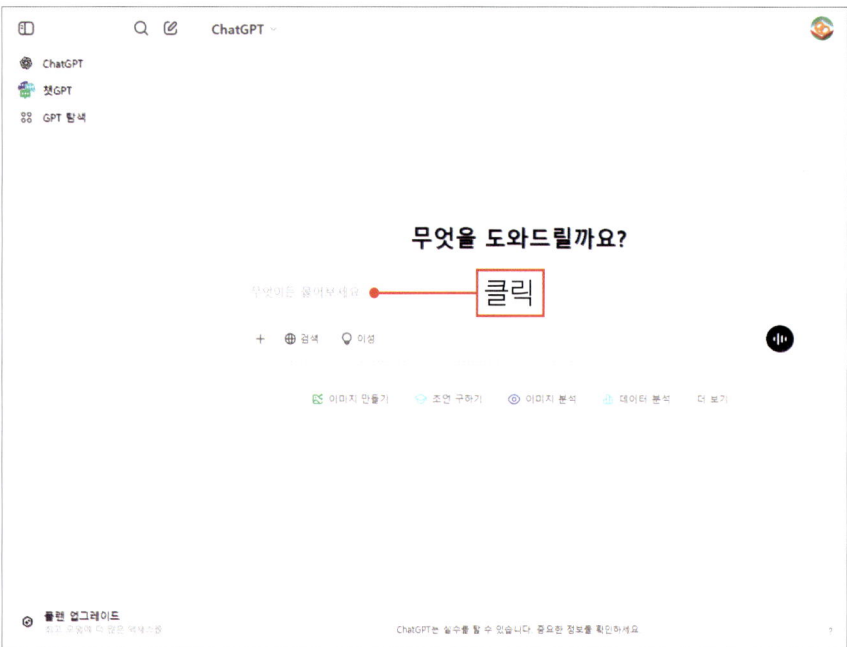

02 영화와 관련한 요청 사항을 상세히 입력하고 Enter 키(혹은 ↑ 키 클릭)를 누릅니다.

03 챗GPT의 답변을 확인합니다.

 온 가족이 함께 보기 좋은 한국 코미디 영화 추천해 주세요.

 온 가족이 함께 즐길 수 있는 한국 코미디 영화로는 가족 간의 따뜻한 유대와 유머를 잘 담아낸 작품들이 많습니다. 아래 몇 가지 추천 드릴게요.

1. 극한직업(2019)
줄거리: 마약 조직을 잡기 위해 잠복 근무 중인 형사들이 위장으로 치킨집을 열게 되면서 예상치 못하게 치킨이 대박 나면서 벌어지는 웃음 가득한 이야기입니다.
포인트: 유머와 액션이 절묘하게 조화를 이루며 가족 모두가 웃으며 볼 수 있는 영화입니다.

04 다른 장르의 영화를 원한다면 추가로 질문합니다.

 강렬한 액션이 돋보이는 국내 영화 추천해 주세요.

 강렬한 액션이 돋보이는 국내 영화 추천 리스트입니다!

1. 아저씨 (2010)
· 원빈 주연, 감성적인 스토리와 강렬한 액션의 조화
· 실전 격투 스타일의 맨손 & 칼 액션이 인상적

2. 악인전 (2019)
· 마동석, 김무열 주연, 연쇄살인마를 쫓는 경찰 & 조직보스
· 묵직한 타격감이 느껴지는 리얼한 액션

Chapter 05
스마트폰에서 챗GPT 앱 시작하기

이번 챕터에서는 스마트폰에서 챗GPT 앱을 사용하는 방법에 대해 안내하겠습니다. 챗GPT 앱의 설치부터 로그인, 개인 맞춤 설정 방법까지 기본 사용법을 자세히 알아봅니다. 이제 실외에서도 스마트폰을 이용해 챗GPT를 마음껏 사용해 보세요!

step 1 챗GPT 앱 설치하기

▶ 챗GPT 앱 다운로드하기

01 홈 화면의 [플레이 스토어(▶)] 앱을 터치해 실행한 후 하단의 [검색(🔍)]을 터치합니다.

02 검색어 입력란에 '챗GPT'를 입력하고 🔍을 터치합니다.

03 챗GPT 앱 정보를 확인한 후 [설치] 버튼을 터치합니다. 설치가 완료되면 [열기] 버튼을 터치해 챗GPT 앱을 실행합니다.

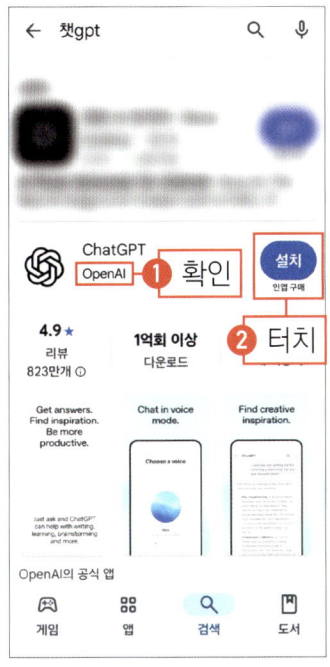

하쥬 TIP

[플레이 스토어(▶)] 및 [앱 스토어(A)] 앱에서 '챗GPT'를 검색하면 인공지능과 관련한 많은 앱이 검색됩니다. 반드시 'OpenAI'의 '챗GPT' 앱으로 다운로드하길 바랍니다.

▶ 챗GPT 앱 로그인하기

01 챗GPT 앱을 처음 실행하면 안내 화면이 나타납니다. 내용을 살펴본 후 하단의 [계속] 버튼을 터치합니다.

02 챗GPT 홈 화면이 나타나면 [회원 가입] 버튼을 터치합니다.

03 로그인 안내 창에서 [Google로 계속하기] 버튼을 터치한 후 챗GPT에서 사용할 구글 계정을 선택합니다.

04 챗GPT 로그인 확인 창의 계정을 확인하고 [○○ 계정으로 계속] 버튼을 터치합니다.

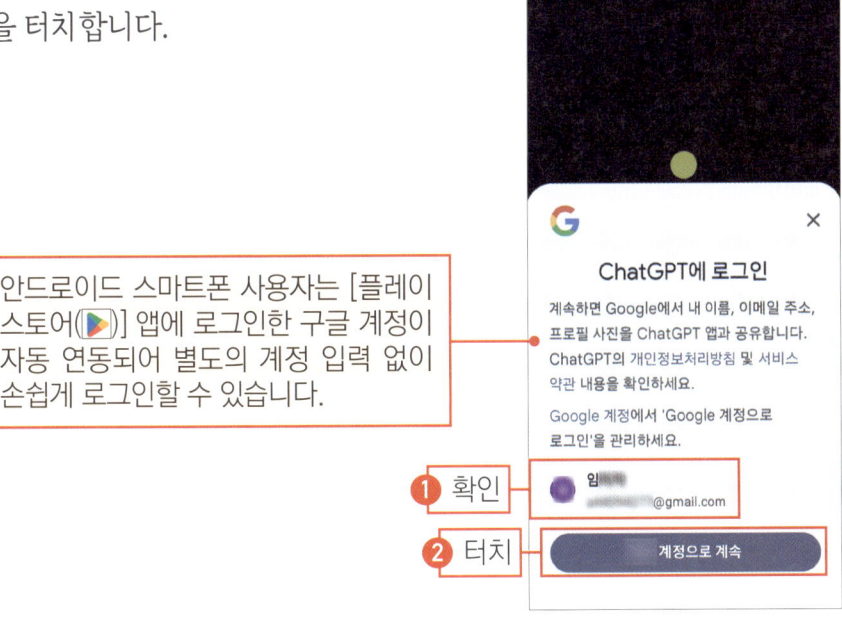

> 안드로이드 스마트폰 사용자는 [플레이 스토어(▶)] 앱에 로그인한 구글 계정이 자동 연동되어 별도의 계정 입력 없이 손쉽게 로그인할 수 있습니다.

05 사용자님에 대해 알려주세요 화면이 나타나면 [이름], [성], [생일] 입력란에 정보를 입력하고 [계속] 버튼을 터치합니다.

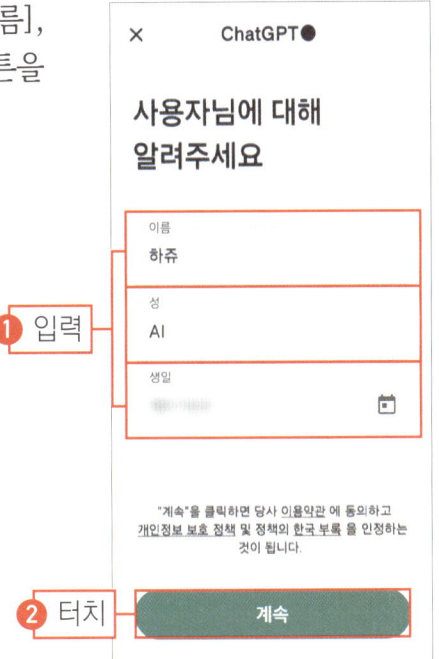

step 2 챗GPT 앱 기본 설정하기

▶ 챗GPT 앱 맞춤 설정하기

01 챗GPT 앱을 실행한 후 상단의 ☰을 터치합니다.

하쥬 TIP

챗GPT 앱은 한 번 로그인하면 이후 자동 로그인되어 별도의 로그인 과정 없이 바로 이용할 수 있습니다.

02 메뉴 하단의 [사용자 계정]을 터치합니다.

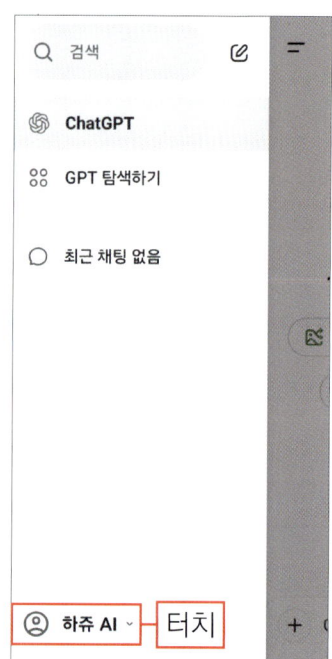

03 설정 화면이 나타나면 [개인 맞춤 설정]을 터치합니다. 이어서 [맞춤형 지침]을 터치합니다.

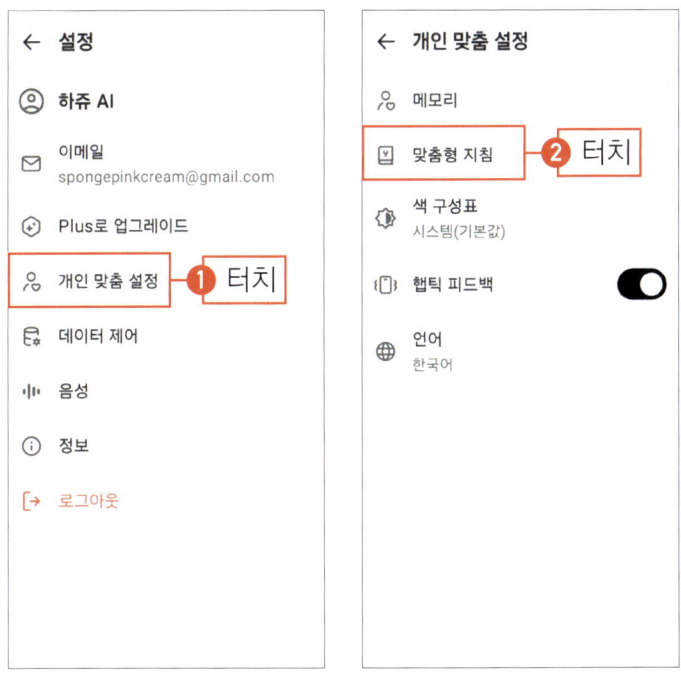

04 맞춤형 지침 소개 화면이 나타나고 내용을 확인한 후 [계속] 버튼을 터치합니다.

05 맞춤형 지침을 위한 각 질문의 답변을 입력란에 모두 입력한 후 ☑을 터치합니다.

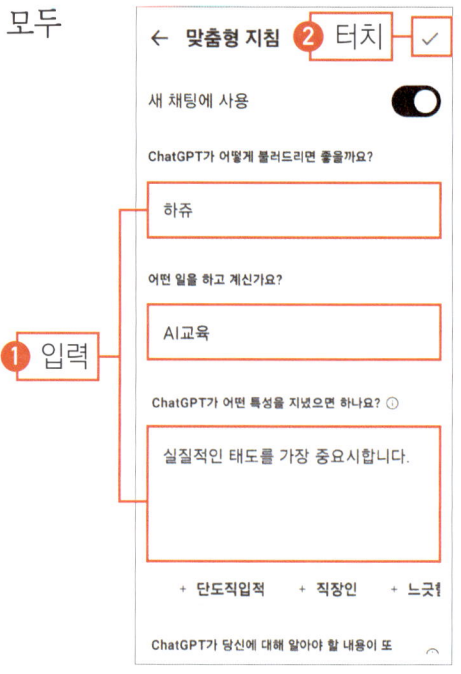

▶ 다크 모드와 라이트 모드 설정하기

01 챗GPT 앱을 실행한 후 상단의 ☰을 터치합니다.

02 메뉴 하단의 [사용자 계정]을 터치합니다.

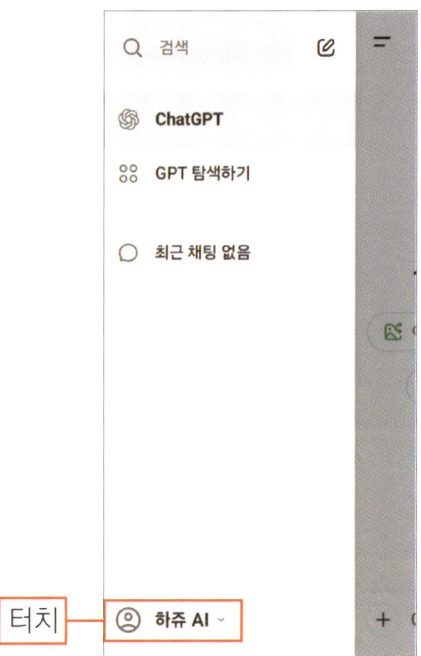

03 설정 화면이 나타나면 [개인 맞춤 설정]을 터치합니다.

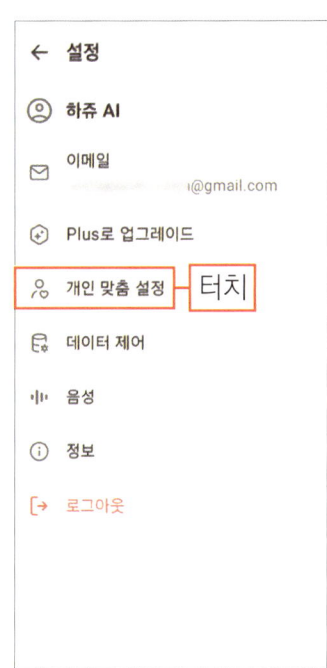

04 개인 맞춤 설정 화면에서 [색 구성표]를 터치합니다.

05 색 구성표 창이 나타나면 원하는 모드를 선택한 후 [확인]을 터치합니다. 본문에서는 [다크 모드]를 선택합니다.

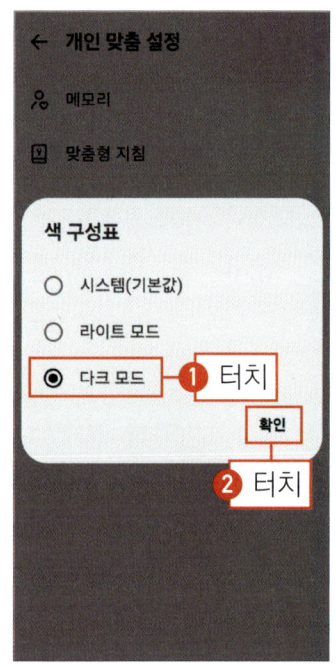

06 화면이 어둡게 변하고 [다크 모드]가 적용됩니다.

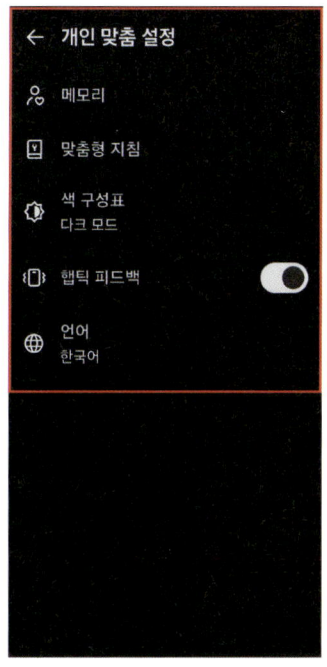

하쥬 TIP 다크 모드와 라이트 모드

[다크 모드]는 화면 색상을 어둡게 하여 눈의 피로도를 줄여주고 [라이트 모드]는 밝은 배경에서 어두운 텍스트가 더 선명하게 보여 화면 가독성이 높아집니다. 개인 사용 환경에 맞춰 모드를 선택하는 것을 추천드리며, 스마트폰의 설정과 동일하게 사용하고 싶다면 [시스템(기본값)]을 선택하세요.

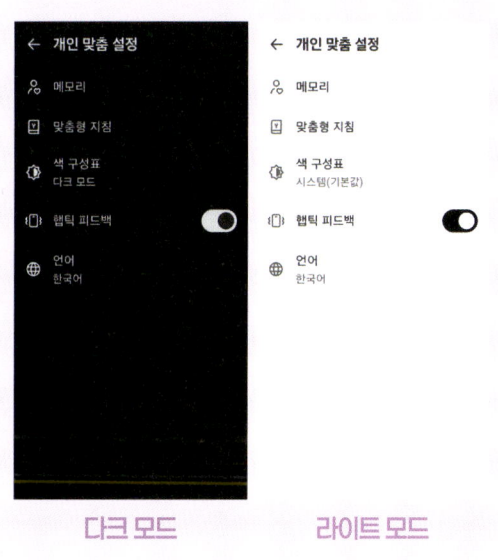

다크 모드 라이트 모드

step 3 챗GPT 앱에서 대화하기

▶ 키보드로 질문 입력하기

01 챗GPT 앱을 실행한 후 하단의 채팅 입력란을 터치합니다.

02 챗GPT에 질문이나 요청 사항을 입력한 후 ●을 터치합니다.

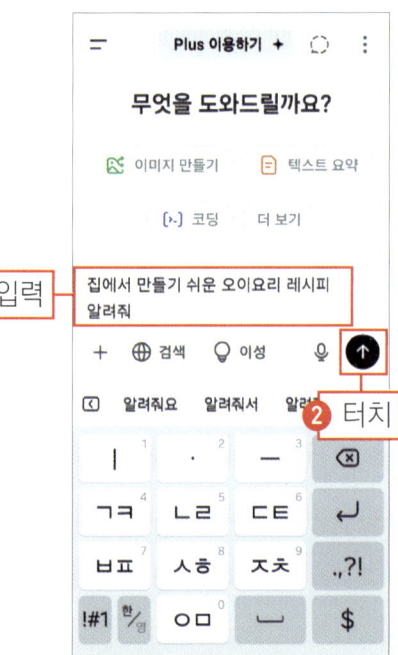

03 챗GPT의 답변을 확인한 후 추가로 궁금한 내용은 채팅 입력란에 이어서 질문을 입력합니다.

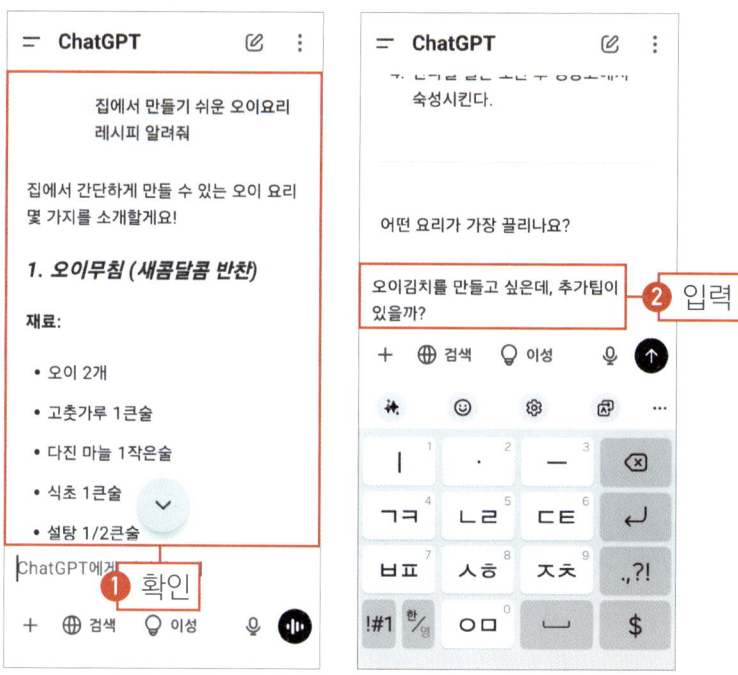

04 새로운 주제로 대화를 시작하고 싶다면 화면 상단의 ✎을 터치합니다.

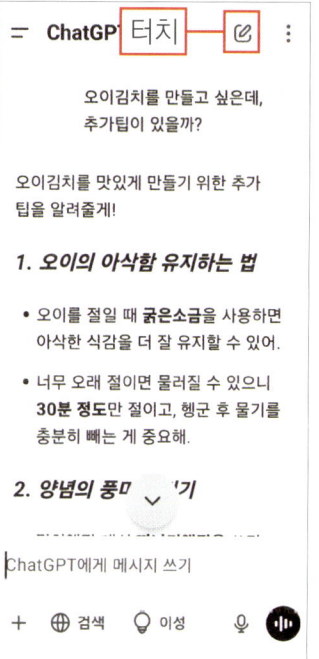

▶ 음성으로 질문 입력하기

01 챗GPT 앱을 실행한 후 하단의 🎤을 터치합니다.

02 챗GPT에 질문이나 요청 사항을 말한 후 ✓을 터치합니다.

03 음성이 텍스트로 변환되어 채팅 입력란에 추가되면 확인한 후 ●을 터치합니다.

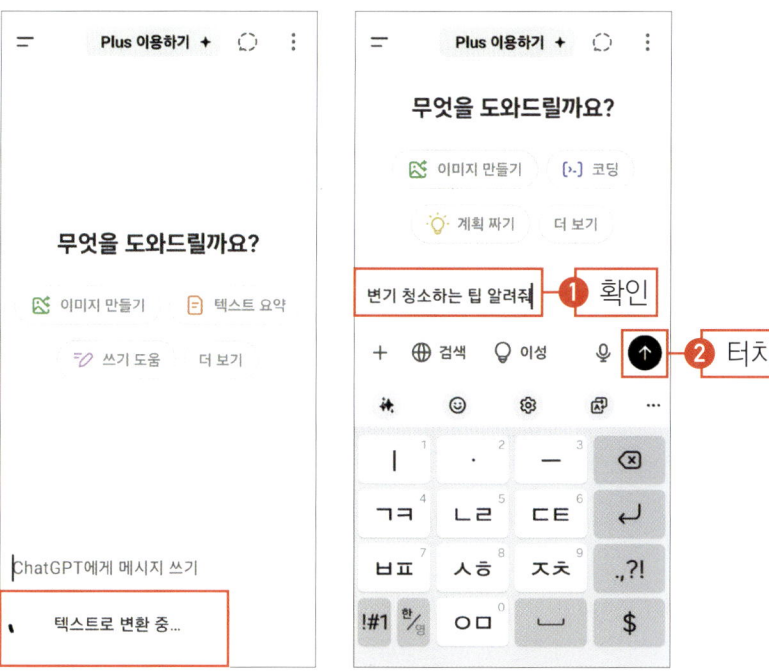

04 채팅창에서 챗GPT의 답변을 확인합니다.

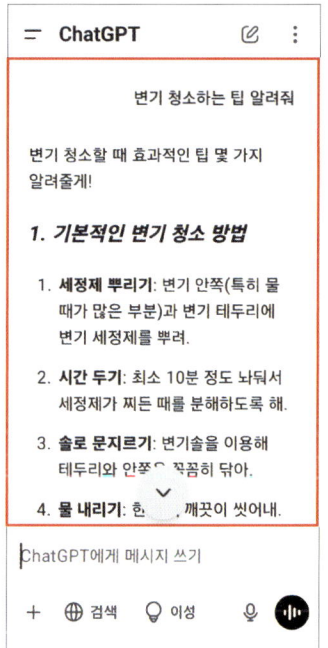

Chapter 06
챗GPT 앱, 음성 모드 사용하기

이번 챕터에서는 챗GPT 앱의 음성 모드를 사용하는 방법에 대해 안내하겠습니다. 음성 모드 설정을 통해 원하는 목소리를 선택한 후 사람과 직접 대화하듯이 챗GPT와 음성 대화를 시작해 보세요!

step 1 챗GPT 앱 음성 모드 설정하기

▶ 입력 언어 설정하기

01 챗GPT 앱을 실행한 후 상단의 ☰을 터치합니다.

02 메뉴 하단의 [사용자 계정]을 터치합니다.

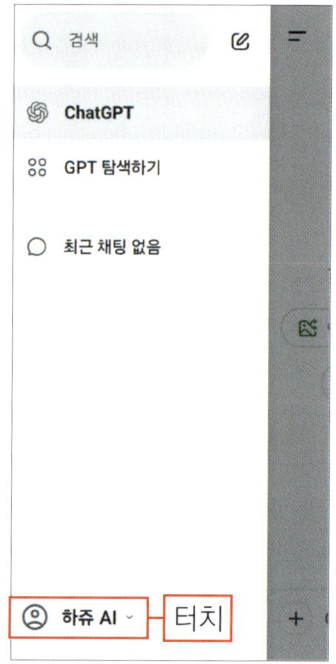

03 설정 화면이 나타나면 [음성]을 터치하고 이어서 [입력 언어]를 터치합니다.

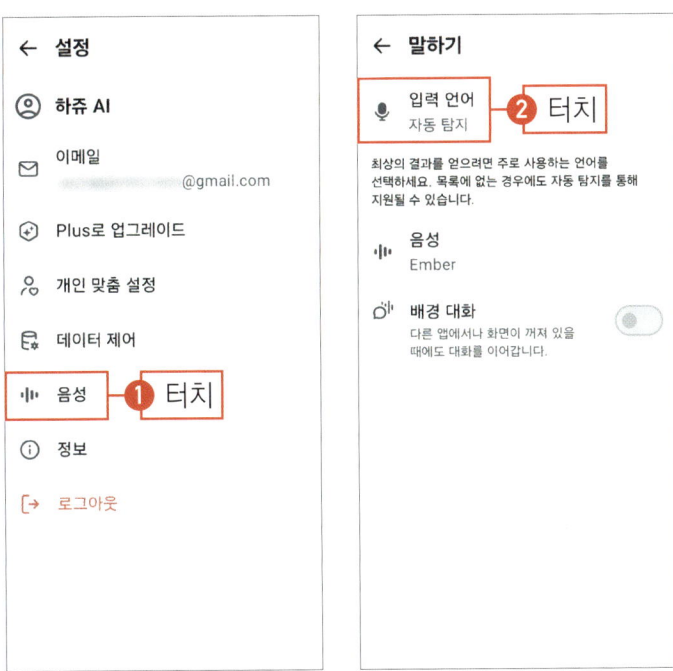

04 입력 언어 창에서 챗GPT 음성 모드 시 사용할 언어를 선택합니다. 본문에서는 [한국어]를 선택한 후 [확인]을 터치합니다.

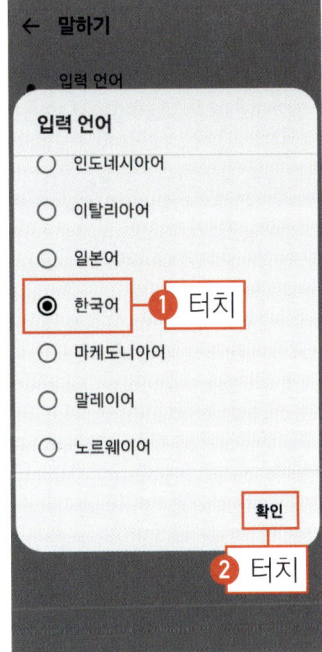

하쥬 TIP

기본 설정된 [자동 탐지]를 사용해도 좋지만 사용할 언어를 직접 선택해 음성 모드를 사용하면 챗GPT에게 더욱 정확한 답변을 얻을 수 있습니다.

▶ 음성 종류 선택하기

01 챗GPT 앱을 실행한 후 상단의 ☰을 터치합니다.

02 메뉴 하단의 [사용자 계정]을 터치합니다.

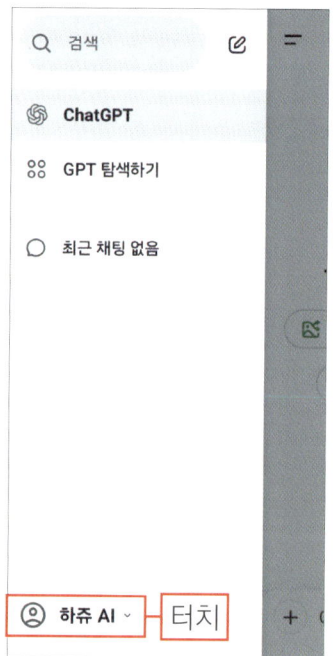

03 설정 화면이 나타나면 [음성]을 터치하고 이어서 [음성]을 터치합니다.

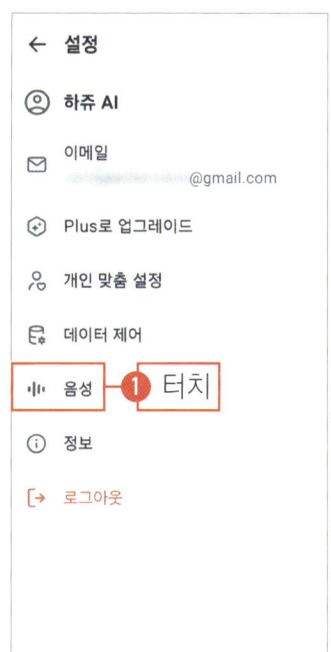 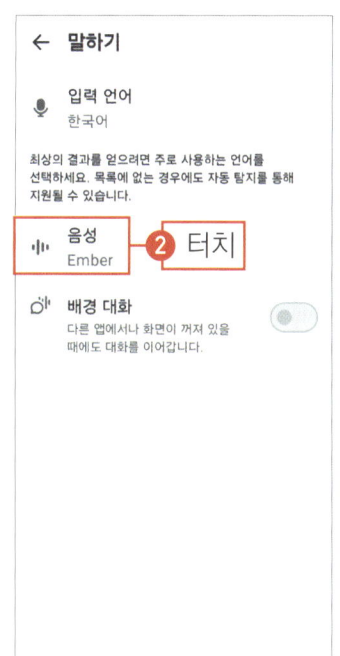

04 다양한 AI 목소리를 들어보고 원하는 음성을 선택한 후 [완료] 버튼을 터치합니다.

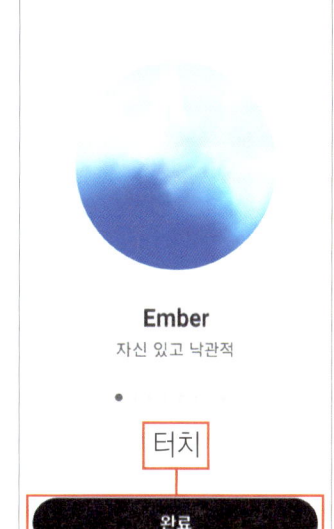

> **하쥬 TIP**
>
> 자신 있는 톤, 느긋한 톤, 밝은 톤 등 여러 음성을 들어보며 가장 마음에 드는 목소리를 선택하세요.

05 설정을 모두 끝냈다면 ←을 터치해 챗GPT 홈 화면으로 돌아갑니다.

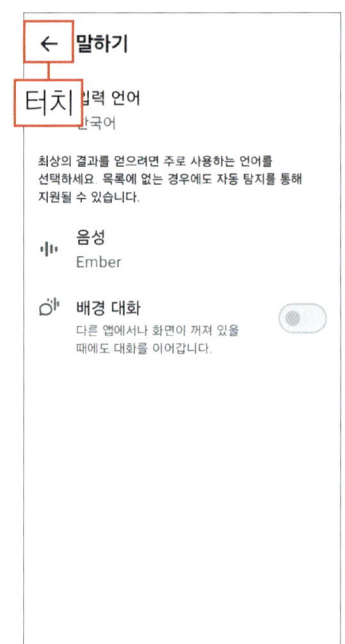

> **하쥬 TIP**
>
> 음성을 변경해도 대화 내용에는 영향을 주지 않습니다.

step 2 챗GPT 앱 음성 모드 시작하기

01 챗GPT 앱을 실행한 후 하단의 ◉을 터치합니다.

02 오디오 허용을 묻는 창에 [앱 사용 중에만 허용]을 터치합니다.

03 고급 음성 모드 안내 창 화면이 나타나면 [계속] 버튼을 터치합니다.

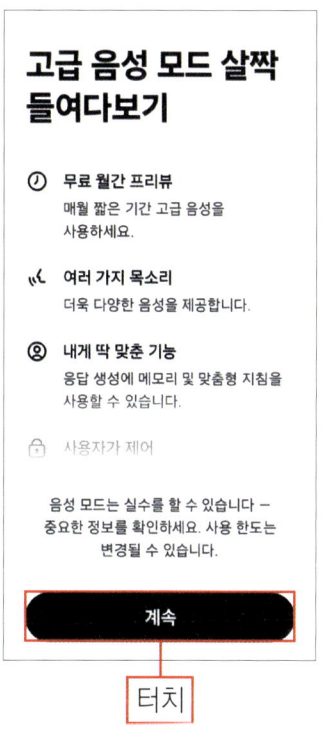

04 음성 모드가 활성화되면 질문이나 요청 사항을 챗GPT에게 직접 말하여 물어봅니다.

음성 모드 화면의 원이 흰색에서 파란색으로 변경되면 질문하세요.

하쥬 TIP 💡 AI 음성 변경

을 터치하면 음성 선택 화면이 나타나고 목소리를 변경할 수 있습니다. 다만, 변경한 설정은 '새 채팅'부터 적용되니 참고하세요!

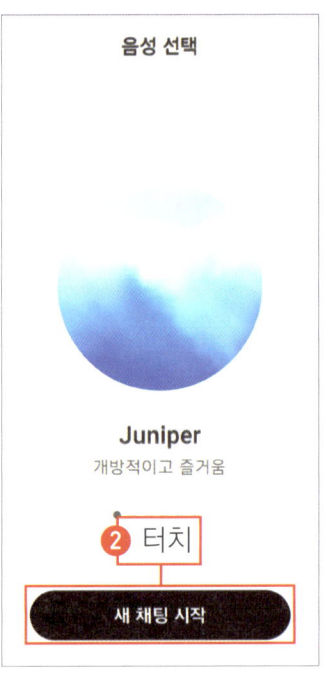

05 대화를 완료하면 화면 하단의 ⊠ 버튼을 터치해 음성 모드를 종료합니다.

> **하쥬 TIP**
>
> 🎤을 클릭하면 음소거 모드가 활성화되어 챗GPT가 사용자의 음성을 인식하지 않습니다. 음성 모드를 다시 사용하고 싶다면 🚫을 터치해 음소거 모드를 해제하세요.

06 채팅창에서 챗GPT와 음성으로 나눈 대화 내용을 확인할 수 있습니다.

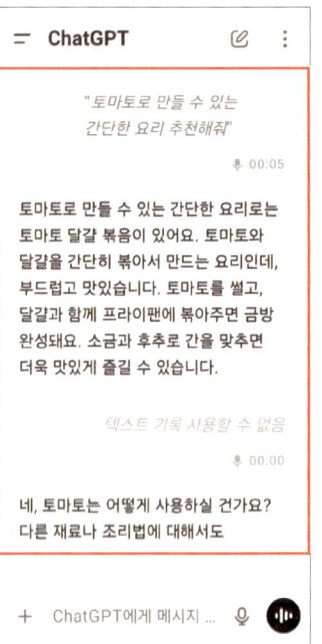

▶ 카메라 기능 활용하기(유료 플랜)

01 챗GPT 앱을 실행한 후 하단의 ◉을 터치합니다.

02 음성 모드가 활성화되면 하단의 ◼︎을 터치합니다.

03 카메라 허용을 묻는 창에 [앱 사용 중에만 허용]을 터치합니다.

04 카메라가 실행되면 사물 또는 텍스트를 녹화하듯이 촬영합니다. 챗GPT 이미지 분석의 결과는 음성으로 제공됩니다.

하쥬 TIP

정확한 정보를 얻으려면 궁금한 사물이나 텍스트를 카메라에 최대한 가깝게 찍어야 합니다.

05 카메라 기능을 종료하려면 화면 하단의 ■을 터치합니다.

06 대화를 완료하면 화면 하단의 ✕ 버튼을 터치해 음성 모드를 종료합니다.

07 채팅장에서 챗GPT와 대화한 내용을 텍스트로 확인할 수 있습니다.

확인

Chapter 07
챗GPT 앱, 음성 모드 활용하기

이번 챕터에서는 챗GPT의 음성 모드를 활용하는 방법에 대해 안내하겠습니다. 기본 음성 모드 사용법이 익숙해졌다면 이제 챗GPT를 나만의 친구 또는 선생님으로 만들어 가벼운 대화를 나누거나 외국어 학습 앱으로 활용해 보세요.

step 1 나만의 AI 친구 만들기

01 챗GPT 앱을 실행한 후 하단의 ●을 터치합니다.

02 음성 채팅이 시작되면 챗GPT에게 가볍게 말을 걸어봅니다.
> "안녕, 너랑 친구처럼 대화하고 싶어. 앞으로 반말로 얘기해줘"

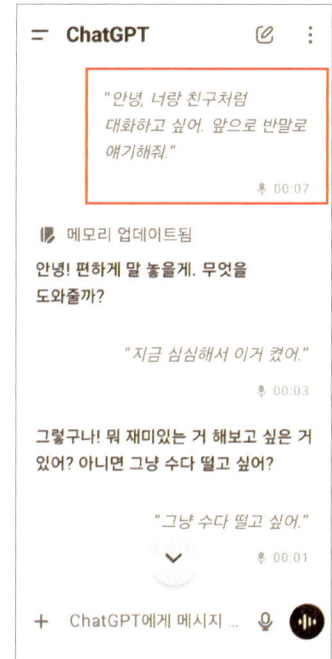

하쥬 TIP
챗GPT 음성 모드 학습 편의를 위해 대화 기록을 추가했습니다. 학습 시 참고 바랍니다.

03 챗GPT와 호칭을 정한 후 원하는 말투 또는 대화의 주제를 말합니다.

예 "나를 호동이라고 불러주고, 친절한 말투를 써줘"

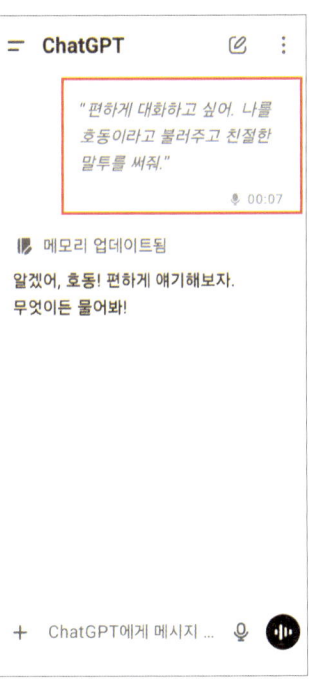

하쥬 TIP

원하는 호칭이나 말투가 있다면 언제든 편하게 요청하세요. 해당 시점부터 변경된 호칭과 말투로 챗GPT와 대화를 이어갈 수 있습니다.

예 "선생님이라 불러주고, -습니다. 체로 말해줘"

04 일상적인 이야기나 고민을 친구와 대화하듯 편하게 말해 봅니다.

예 "이번 주말에 뭐 하면 좋을까?"
"오늘 기분이 좀 울적한데, 기분 전환할 좋은 방법이 있을까?"

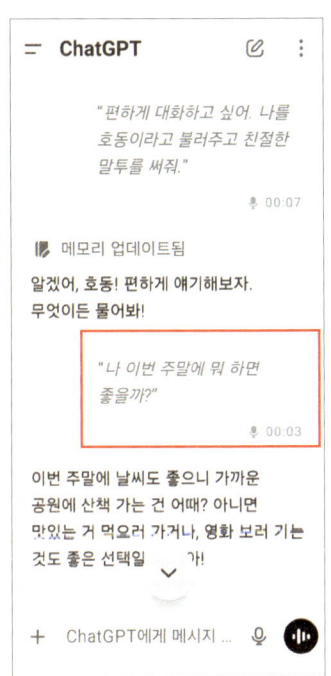

05 챗GPT의 답변에 따라 질문을 추가하며 대화를 이어갑니다.

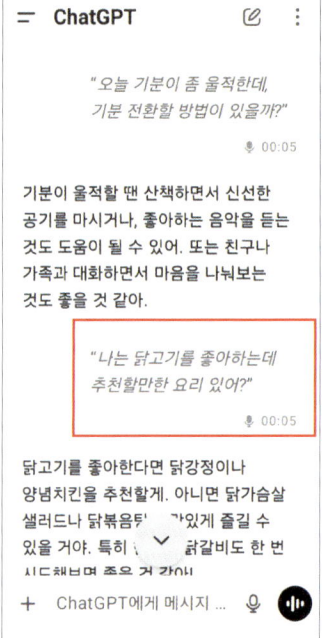

step 2 나만의 AI 외국어 선생님 만들기

01 챗GPT 앱을 실행한 후 하단의 ◉을 터치합니다.

02 학습하고 싶은 언어를 챗GPT에게 말합니다.

예 "영어를 배우고 싶어요. 알파벳부터 자세히 알려 주세요."

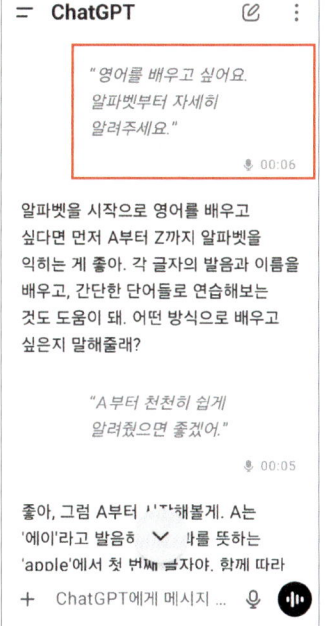

03 궁금한 표현이나 단어가 있다면 해당 부분을 알려달라고 챗GPT에게 말합니다.

예 "과일과 관련한 쉬운 영단어를 알려 주세요."

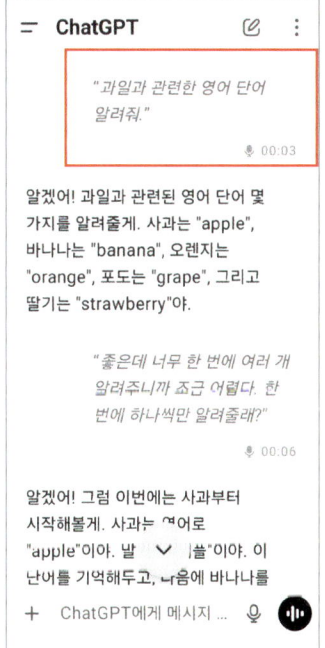

04 다른 언어로 학습하고 싶다면 ⊠ 버튼을 터치해 음성 모드를 종료합니다.

05 새 채팅을 시작한 후 홈 화면 하단의 ◉을 터치해 새로운 음성 채팅을 시작합니다.

06 학습을 원하는 언어를 챗GPT에 음성으로 말합니다.

예 "일본어를 배우고 싶어요. 히라가나부터 자세히 알려 주세요."

 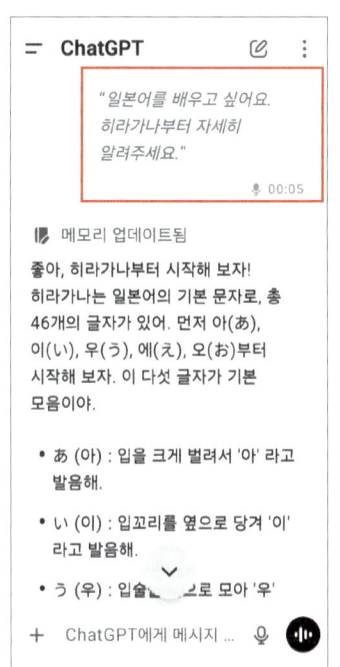

하쥬 TIP

한국어와 외국어를 혼용하여 말할 땐 [입력 언어] 설정을 [자동 탐지]로 변경한 후 사용하는 것을 추천합니다.

Chapter 08
카카오톡으로 AI 경험하기

이번 챕터에서는 카카오톡으로 AI와 간편하게 대화하는 방법을 안내하겠습니다. 카카오톡에서 '아숙업(AskUp)' 채널을 추가하면 별도로 앱을 설치하지 않아도 채팅 화면에서 쉽게 AI와 대화할 수 있습니다.

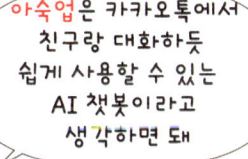

step 1 　아숙업(AskUp) 채널 추가하기

01 홈 화면이나 앱스 화면에서 [카카오톡(🗨)] 앱을 실행한 후 친구 화면 상단의 🔍을 터치합니다.

02 검색어 입력란을 터치한 후 '아숙업'을 입력하고 🔍 버튼을 터치합니다.

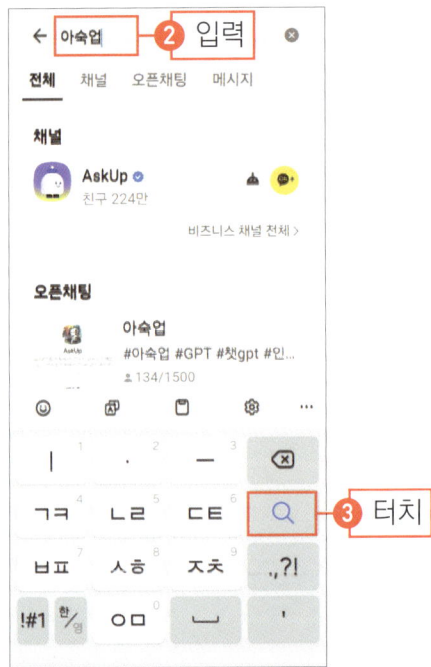

03 검색 결과 화면에서 아숙업(AskUp) 채널의 버튼을 터치합니다. 채널 안내 창이 나타나면 [채널 추가] 버튼을 터치합니다.

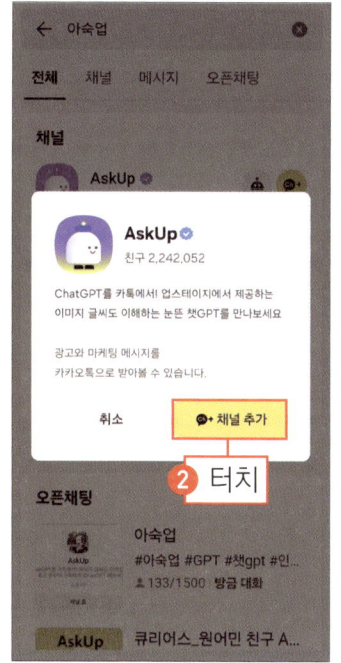

04 아숙업(AskUp)의 채널 추가 메시지가 카카오톡으로 발송됩니다.

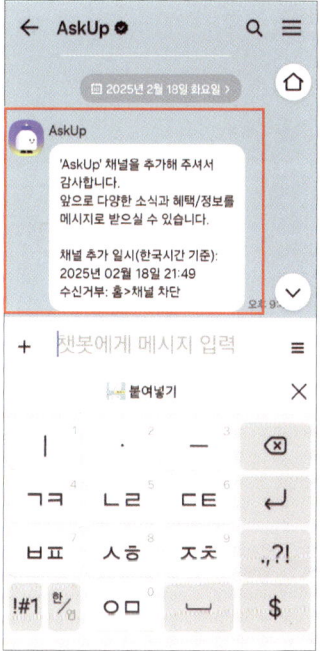

step 2 아숙업(AskUp)과 채팅하기

01 [카카오톡]을 실행한 후 화면 하단의 [채팅]을 터치합니다.

02 채팅 목록에서 [아숙업(AskUp)]을 터치합니다.

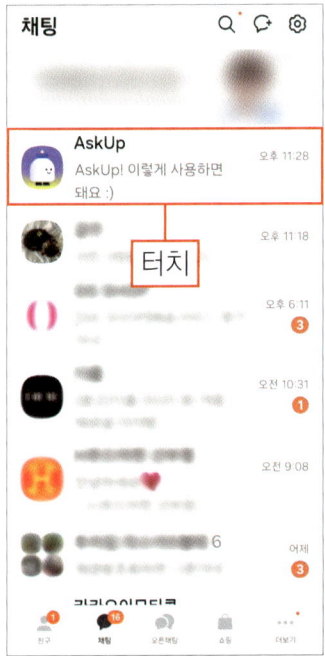

03 아숙업(AskUp) 채팅창에서 [챗봇에게 메시지 입력]을 터치합니다.

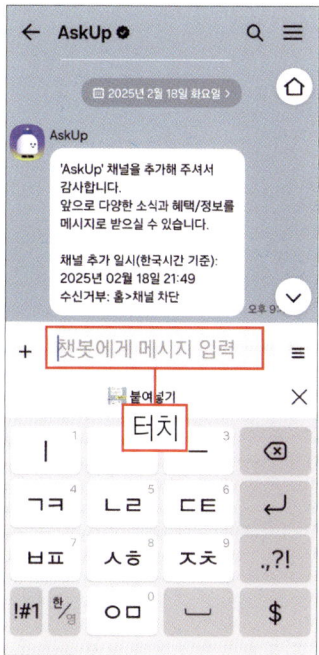

04 채팅 입력란에 질문이나 요청 사항을 입력하고 ▶ 버튼을 터치합니다.

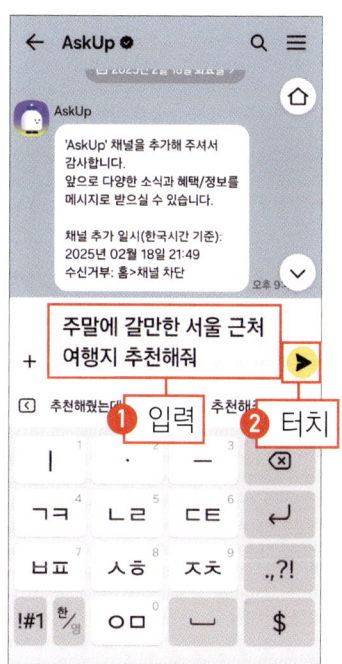

05 아숙업(AskUp)의 답변을 확인한 후 더 궁금한 사항은 질문을 추가 입력해 대화를 이어갑니다.

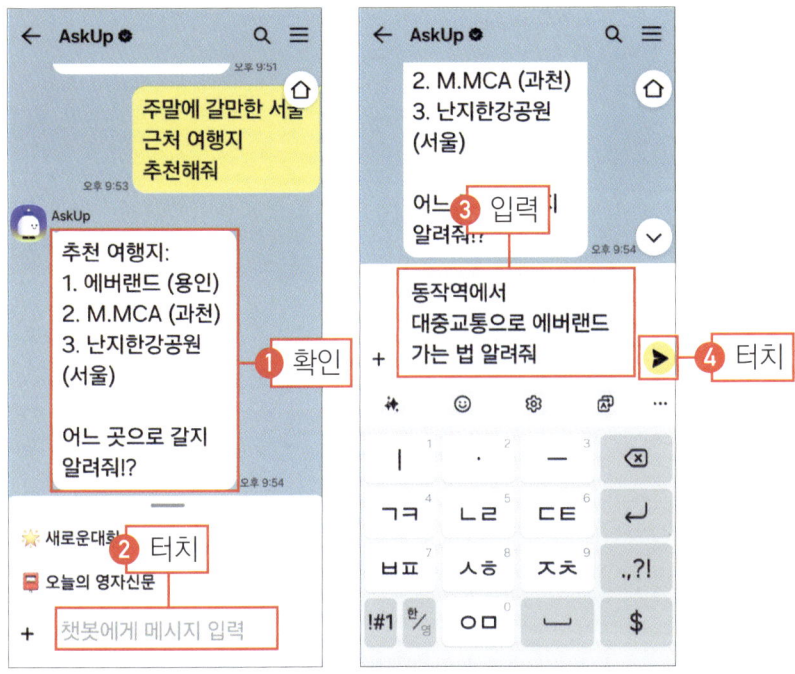

06 새로운 주제로 대화를 시작하고 싶다면 화면의 ☰을 터치한 후 스마트 메뉴의 [새로운 대화 시작]을 터치합니다.

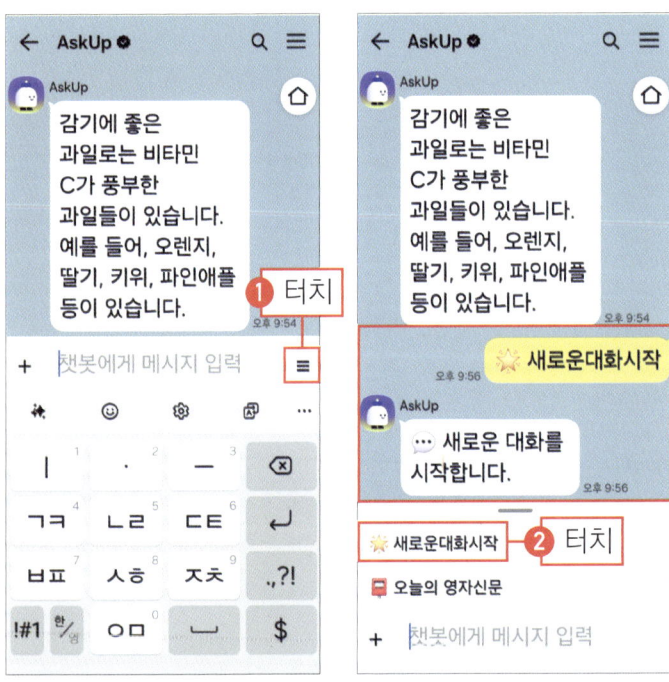

step 3 아숙업(AskUp) 200% 활용하기

▶ 사용법 안내 확인하기

01 아숙업(AskUp) 채팅 화면의 스마트 메뉴를 위로 드래그합니다.

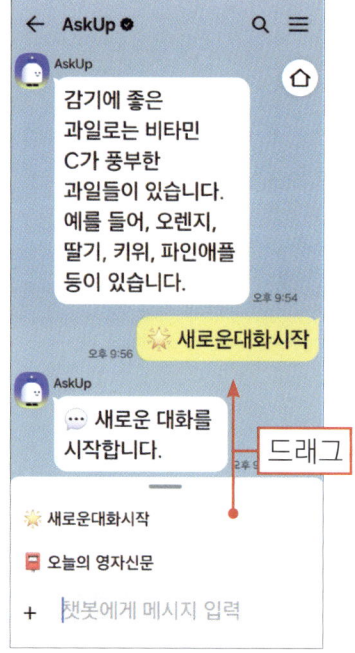

02 스마트 메뉴의 [사용법 안내]를 터치합니다.

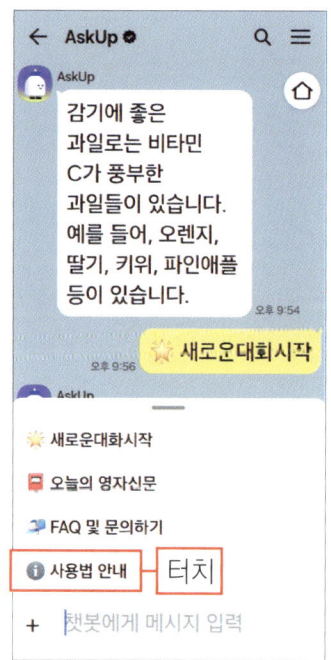

03 아숙업(AskUp)의 사용법이 상세히 적힌 메시지가 화면에 나타납니다.

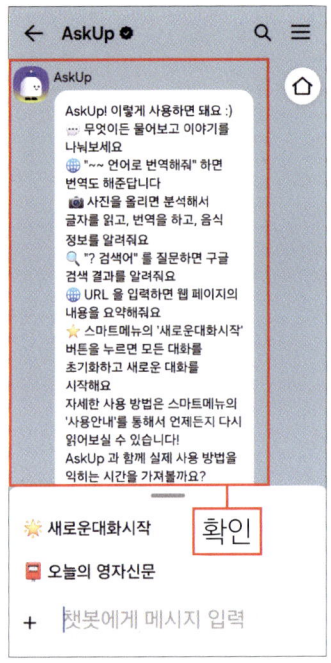

▶ 이미지 분석하기

01 아숙업(AskUp) 채팅창을 실행한 후 화면 하단의 ⊞ 버튼을 터치하고 [앨범]을 터치합니다.

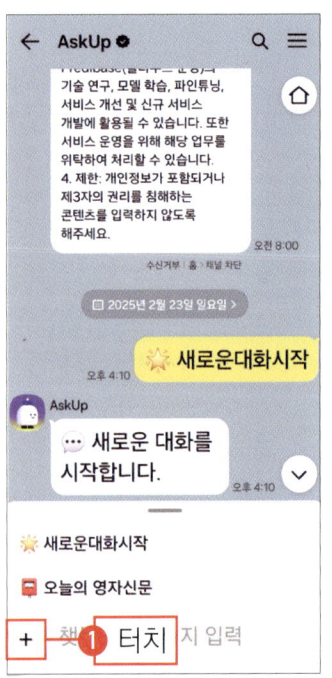
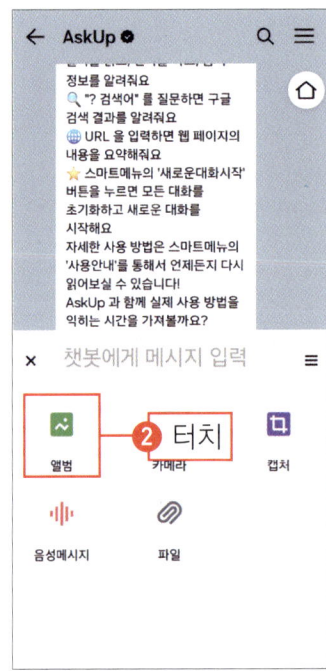

02 앨범 화면이 나타나면 분석을 원하는 사진을 선택한 후 [전송] 버튼을 터치합니다.

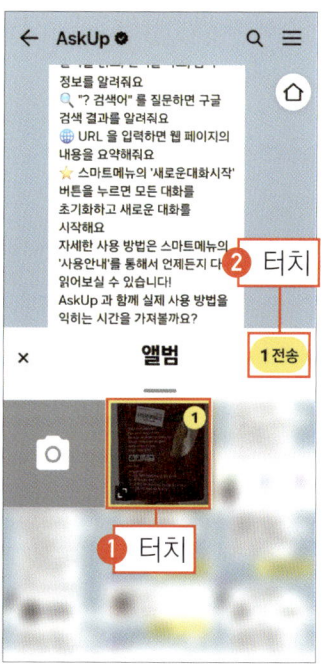

03 아숙업이 해당 사진을 분석한 후 메시지로 결과를 알려줍니다.

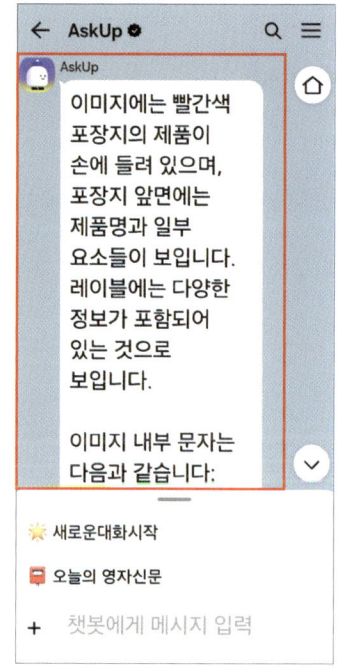

▶ 번역 요청하기

01 아숙업(AskUp) 채팅창을 실행한 후 화면 하단의 + 버튼을 터치하고 [앨범]을 터치합니다.

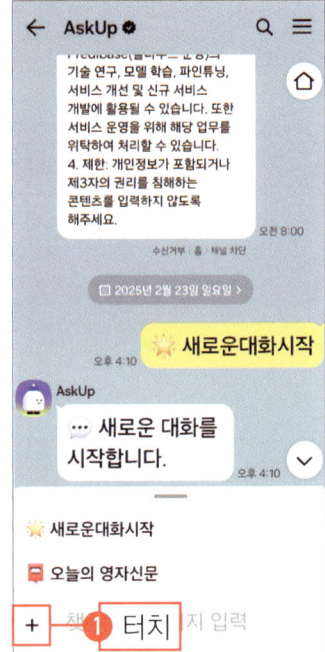 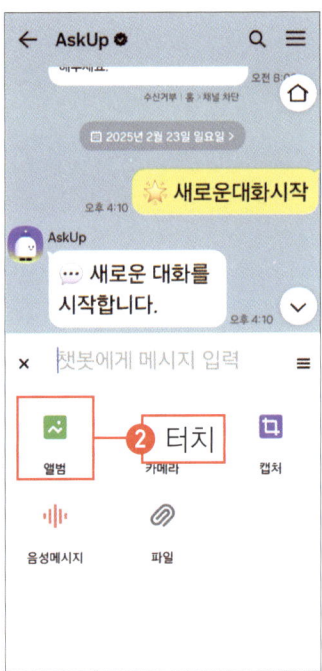

02 앨범 화면이 나타나면 이번에는 번역을 원하는 사진을 선택한 후 [전송] 버튼을 터치합니다.

03 아숙업이 해당 사진을 분석한 후 메시지로 결과를 알려줍니다.

04 스크롤을 맨 아래로 내려 [이미지 내용 번역해줘] 버튼을 터치합니다.

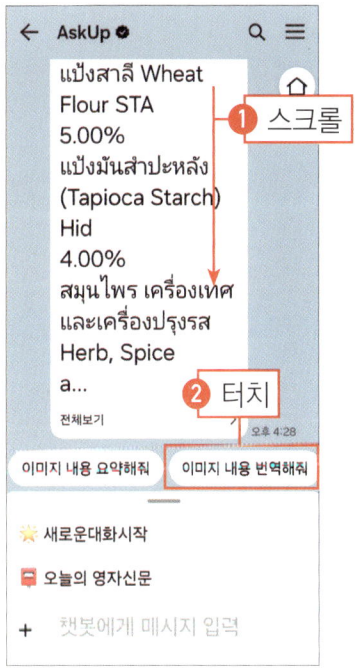

05 아숙업이 해당 사진을 번역한 후 메시지로 결과를 알려줍니다.

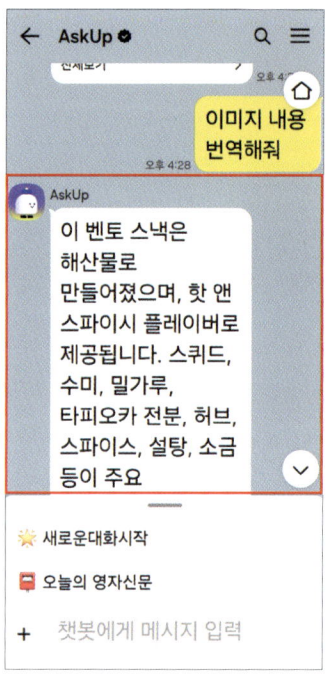

▶ 요약 요청하기

01 아숙업(AskUp) 채팅창을 실행한 후 화면 하단의 + 버튼을 터치하고 [앨범]을 터치합니다.

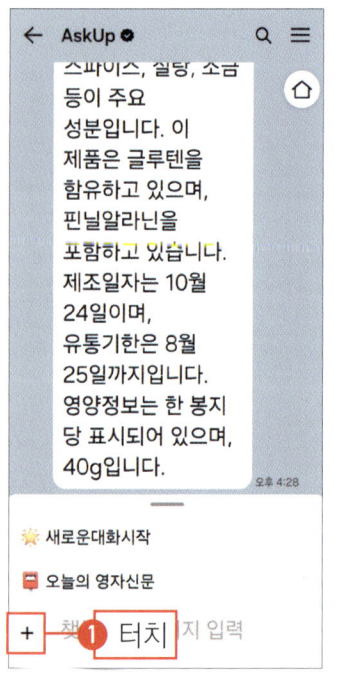
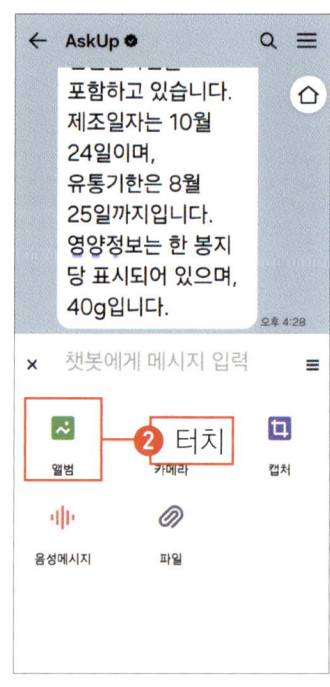

02 앨범 화면이 나타나면 내용 요약을 원하는 사진을 선택한 후 [전송] 버튼을 터치합니다.

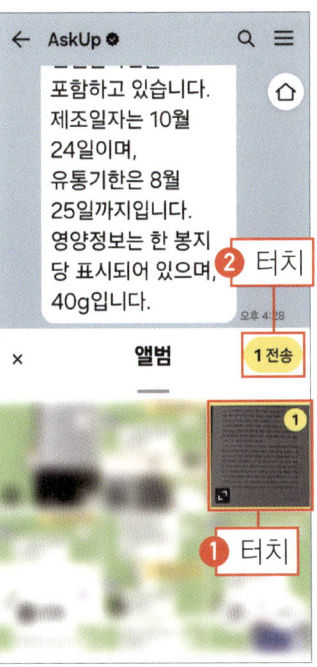

03 아숙업이 해당 사진의 텍스트만 추출해 메시지로 보내줍니다.

 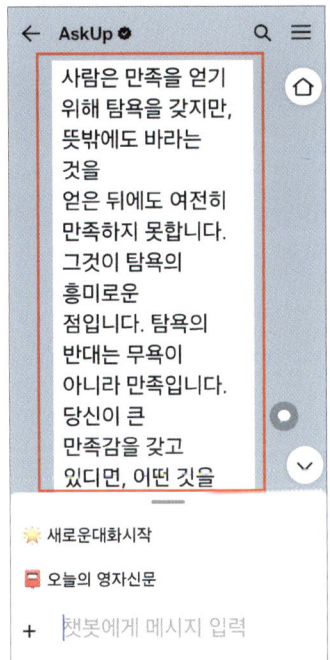

04 텍스트를 넓은 화면에서 확인하고 싶다면 하단의 [전체보기]를 터치합니다. 텍스트 확인을 완료하면 ←을 터치합니다.

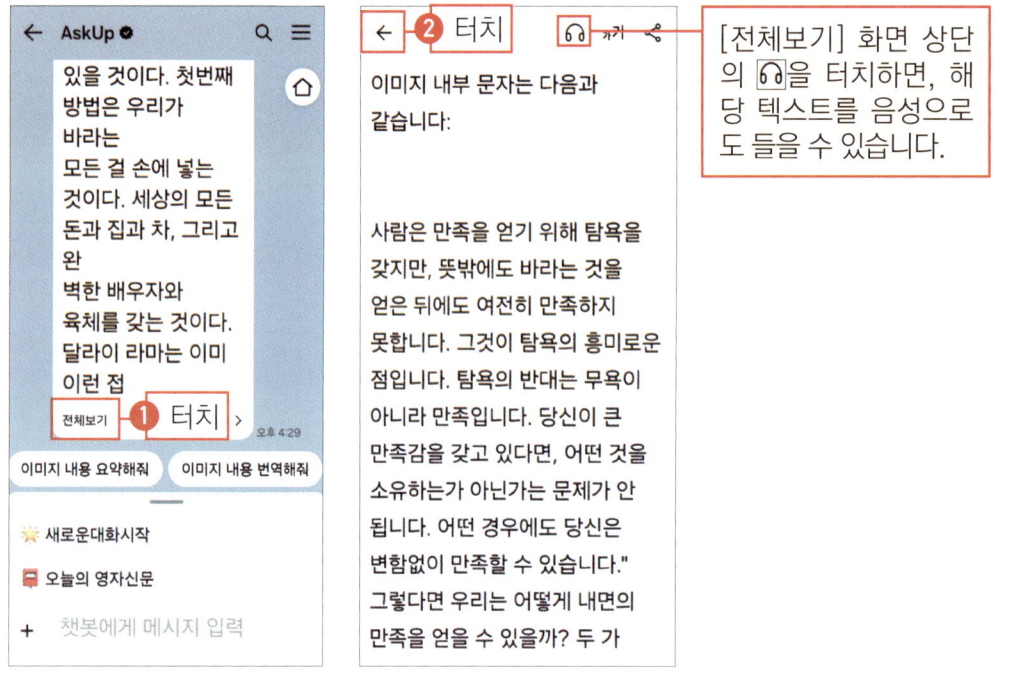

05 이어서 이미지 요약 요청을 위해 [이미지 내용 요약해줘] 버튼을 터치합니다.

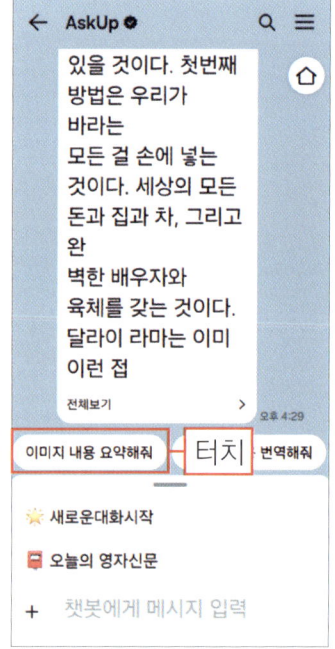

06 아숙업이 해당 텍스트를 요약한 후 메시지로 결과를 알려줍니다.

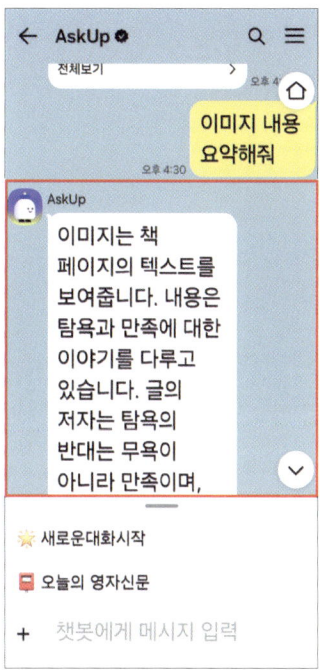

시니어를 위한 똑똑한 AI 생활 With 챗GPT

초 판 발 행	2025년 03월 10일
발 행 인	박영일
책 임 편 집	이해욱
저 자	진현주(AI하쥬)
편 집 진 행	성지은
표 지 디 자 인	김지수
편 집 디 자 인	김지현
발 행 처	시대인
공 급 처	(주)시대고시기획
출 판 등 록	제 10-1521호
주 소	서울시 마포구 큰우물로 75 [도화동 538 성지 B/D] 6F
전 화	1600-3600
홈 페 이 지	www.sdedu.co.kr

I S B N	979-11-383-8803-0 (13000)
정 가	13,000원

※이 책은 저작권법에 의해 보호를 받는 저작물이므로, 동영상 제작 및 무단전재와 복제, 상업적 이용을 금합니다.
※이 책의 전부 또는 일부 내용을 이용하려면 반드시 저작권자와 (주)시대고시기획·시대인의 동의를 받아야 합니다.
※잘못된 책은 구입하신 서점에서 바꾸어 드립니다.

시대인은 종합교육그룹 (주)시대고시기획·시대교육의 단행본 브랜드입니다.